大夏书系·教师专业发展

理想新课堂

"五多课堂"的构建与实践

吴春来 —————————— 著

华东师范大学出版社

全国百佳图书出版单位

·上海·

目录

自 序

在 2021 年 11 月"'双减'落地，赢在课堂"——长沙望城区九年一贯制学校的教研活动中，我执教了《竹石》。一下课，株洲市景弘中学前校长李飞国先生兴奋地飞步上台握住我的手，高兴地说："吴老师，今天我终于听到了一堂真正好的语文课。"这位被《中国教师报》连续宣传报道的课改风云人物，竟然如此惊讶地评价我，我自然有点心潮澎湃，但还是十分镇定地说："李校长，谬赞了！"他瞪圆双眼，认真而又严肃地说："我在学校搞课改这么多年，一直在探索什么是好的语文课，今天在你的课堂上找到了答案。"午饭时，他又主动找到我说："吴老师，我们学校的课改其实就是在落实你提出的'五多'。"他的话不乏溢美与夸张，不过确实给了我十足的力量，同时也勾起了我对往事的回忆。

2017 年 2 月，我担任东安县凡龙圩学校第一校长，想通过课堂改革去改变一所落后的乡村学校，为基础教育做点实实在在的事情。通过一段时间的听课，我在教研组长会议上提出"五多课堂"的理念，建议教师们：多到学生中去，多让学生提问，多让学生展示，多让学生思考，多让学生讨论。我是一个喜欢实践的人。课堂之个中三昧，教师大抵靠亲身实践方可得知；教师之生命价值，离开了课堂的躬耕，何以实现？于是我坚守课堂，从小学一年级上到初中九年级，一则学习上课，二则上给老师们看。渐渐地，老师们不断去践行"五多课堂"理念，从"一多"努力迈向"二多""三多""四多""五多"。一年后，课堂上，师生面貌大有改观。2018年，教育部名校长领航班周大战校长邀我去他学校执教示范课《火烧云》，课后周校长跟我交流说："以前听您上课，觉得课上得也挺好；但今天的课才是我理想中的好课，课堂上您的姿态特别低，学生得到了充分的尊重。"近年来，以"五多课堂"理念上课，我确有进步。

"五多"旨在揭示课堂教学的基本规律，回归教学的基本常识，牢牢树立时时育人、处处育人的课堂意识，打破封闭式教学的壁垒，构建面向全体学生自我发展的开放式课堂。"五多"是适合任何学科教学的。

记得一次听高三物理课，老师讲电学。上课伊始，老师便用幻灯片把电学的相关知识呈现出来，他并未做任何讲解，而是要求学生一一记下。这样的课堂，老师起到什么作用？苏霍姆林斯基说："我在课堂上要做两件事：第一，要教给学生一定范围内的知识；第二，要使学生变得越来越聪明。"课堂上，没有思考，学生何来聪明？高中时代听历史老师给我们讲勾践灭吴。老师问："勾践为何能灭吴？"有同学说："因为越国变得强大了，所以灭掉了吴国。"老师不急不忙地说："战争是双方的事，越国变得强大就能灭掉吴国吗？如果吴国变得更强大了呢？"二十多年过去了，这句话，我记忆犹新，因为它开启了我的思考。以前的课堂，只要老师一问问题，我们立马去翻书。一旦找不到答案，老师就会划出重点，标出一、二、三的顺序，叫我们去背诵。这位老师不一样，他并没要求我们急着从书里寻答案，而是教我们先思考。好的课堂，应该是积极思考的王国；没有了思考，学生的智力何以提高？

再说这"因材施教"吧。如果老师眼里没有学生，远远地站在讲台上，请问如何去"因材施教"？所以"多到学生中去"，多倾听，多对话，才能发现学生，才能真正做到"因材施教"。

"五多"在一定程度上说，解决的是"如何教"的问题；至于"教什么"，便涉及学科本体的问题了。比方说语文学科，为解决"教什么"的问题，我在拙著《发现语文》《语文教学技能九讲》的基础上，提出了"六大发现"的观点，规避了语文由来已久的"两性"之争。"闻道有先后，术业有专攻"，对于如何处理其他学科的教学内容，心有余而力不足了。

值得庆幸的是，教学论文《"五多课堂"理论构建与实践》已在全国中文核心期刊《语文教学通讯》上发表，培训课程"'五多课堂'理论构建与实践"被评为省级精品课程。

好的教育理念一定能产生实效的。为落实"双减"政策，不少学校邀我去讲"五多课堂"，我上了一些还算比较满意的公开课，课后，时常为老师们的留言而感动：

· 吴老师，您的"五多"理念已经融入到课堂的骨血之中，呈现在我们眼前的课堂是立体的，是丰富的，是触手可及的一个生命场。一块黑板，一支粉笔，却构建出了一个质朴而又动人的教学磁场，深深吸引着在场的师生们……

· 吴老师说："了解学生的程度，决定了课堂的效度。"面对并不熟悉的学生，吴老师并没有紧张焦虑，而是俯下身子到学生中去，非常从容地观察每一位学生。我发现他的注意力始终在学生身上，无时无刻不在关注学生，即使在学生没有问题的情况下，他也会利用教学资源引导学生暴露问题，进而帮助学生诊断问题，从而解决问题。正因如此，学生感受到老师对自己的关注后，便更加积极自信地表达自己的想法，整个课堂氛围轻松愉悦，教与学便形成了一个有机整体。

教育之目的是解放学生，促进学生自我发展。只有教师自我解放，方能更好地解放学生；只有提升课堂教学质量，才能将"双减"落实到位。在此我呼吁：学生要"双减"，教师请"五多"。值得一提的是："春来咏语"教研团队的老师们，不辞辛劳把我所讲之公开课整理成课例，于是我站在教学关系处理的角度对它们一一做了具体解读，并指出了不足，而这些不足恰恰又促进了我的进步，希望能给读者朋友们带去些许启迪。

河北省特级教师李福忠先生对"五多课堂"如是评价：

怎样把先进的理念给教师讲明白？需要化繁为简、深入浅出，把先进的教学理念变成当地教师能听得懂的语言进行传播。吴老师把先进的教学理念用最朴素、最通俗、最接地气的形式来表述，可谓把复杂问题简单化了。

我比较认同他的观点。好的理念，应当具有普适性，它不该为某个人、某个地域专属所有，故而，化繁为简、深入浅出，尤显重要。2021 年 10 月，在一次"五多课堂"研讨活动上，我听完两位老师的公开课后，提出了"五多课堂"实践的三个阶段："形到阶段""教学的科学与艺术化结合阶段""生活化阶段"。只要用心，"五多"的形是不难做到的；将教学的科学与艺术性完美结合起来，有一定难度；教育即生活，课堂亦是生活，课堂走向生活化，是一种境界，任重而道远。

有人问我，"五多"你运用得怎么样了？我很坦率地说：我还在路上，需要不断去读书，因为书底不厚，课堂上常有力不从心之感；需要不断去实践，因为上课强调实践，只有不断上课，能力才会有所提高；当然，人格更需要去修炼，课堂的最高境界就是人的最高境界，你生活的样子很可能就成了你课堂的样子。践行"五多课堂"理念的这六年，是我从教以来成长最快、收获最大的一段时期。衷心感谢"大夏书系"编辑卢风保先生的鼓励与支持，让我能有机会把这些探索与思考分享给大家。

今日，立春。一年之计在于春，父亲给我取名"春来"，希望我能给别人带去温暖与希望。我多么希望"五多课堂"能给大家带来春天般的温暖与希望，如果可以，那一定是对父亲在天之灵的最好告慰。

请允许我，于立春，许下这美好的心愿。

吴春来

2023 年 2 月 4 日

第一章

『五多课堂』的内涵解读

"五多课堂"理念，旨在揭示课堂教学的基本规律，让课堂回归到原本的样子……

"五多课堂"的诞生背景

1978 年 3 月 16 日，吕叔湘在《人民日报》撰文大声疾呼："十年的时间，2700 多课时，用来学本国语文，却是大多数不过关，岂非咄咄怪事！……这个问题是不是应该引起大家的重视？是不是应该研究研究如何提高语文教学的效率，用较少的时间取得较好的成绩？"

四十余年一晃而过，吕叔湘之问得以解决了吗？

叶澜说："每一个热爱学生和自己生命、生活的教师，都不应该轻视作为生命实践组成的课堂教学，从而激起自觉地上好每一节课，使每一节课都能得到生命满足的愿望，积极地投入教学改革。"四十余年来，不少教育同仁积极投身于课堂改革，不断探索与实践，有了成功的课改实验，如杜郎口中学的"10+35"模式、昌乐中学的"271"模式、新知学校的"自学·交流"模式等，同时产生一批像李吉林等有重要贡献和影响的本土教育家；以人为本的概念主张，扭转了传统"三中心"对课改造成的固化认识，课堂教学也从不断讲授走向情境化、生态化与个性化的合作交互式学习，提升了学生知识学习的深度与广度。① "可以说，近几十年语文教学改革的繁荣局面，在很大程度上是由教学模式的探索直接支撑着的。应该承认，每一种得到认可的教

---

① 罗生全. 新中国成立 70 年来 8 次课全回顾：诉求与阵痛交加，经验与收获喜人 [N]. 中国教师报，2019-10-02（5）.

学模式都凝聚着不少师生的大量心血，这些成功的模式也都具备其明显的特点和可操作性。依赖这些特点与优点，各地的实验班也取得了一定的教学实绩，这是颇令人欣慰的。"[①] 不过，请把镜头聚焦一些普通一线教师的课堂，看看在发生什么：

课堂再现一

一次听一节市级高效课堂竞赛课，老师采用导学案的方法来指导学生学习，课堂上学生跃跃欲试，一派生机盎然的气象。课后我问学生："你们学到什么没有？"学生几乎异口同声地说："没有！"

无独有偶。参加某省教学观摩会，老师要求学生讨论时，学生刷地全站起来，然后围成一团叽叽喳喳说个不停。一分钟不到，老师要求学生代表发言。学生侃侃而谈，台下老师掌声不断。

课堂再现二

学校要求课堂分几步走，每个环节都限定了精确时间，比方说老师只讲10分钟、学生自学35分钟之类云云，教学流程化，唯时间马首是瞻。学生处于一种应对流程的学习状态，思维跟不上课堂节拍。

课堂再现三

一节课学习多首诗歌，学生讨论李白是真孤独还是真豪放，讨论不可不谓激烈，老师俨然主持人，不断肯定学生的观点，一没发现学生的问题，二没解决学生的问题。课后一想：课堂上老师存在的意义不大。

很显然，在这些轰轰烈烈的课改表象背后，我们也不应该回避这样一个基本事实：这些模式似乎只有在它的诞生地才有显著的效果，一旦离开了原

理想新课堂

4

产地，离开了它的创始人，其效力就会大打折扣，甚至消失得无影无踪。[1] 尤其在一些薄弱学校，我们调查发现：

课堂再现四

老师站在讲台上，手拿书本，低头看着教案。部分学生在座位上抄着笔记，还有部分学生趴在课桌上睡着了。结果呢？课后布置大量作业，以弥补课堂教学的种种不足。

课堂再现五

老师站在讲台上，偶尔也会走到讲台下，示意基础较好的学生回答问题，学生回答出来后，就开启下一个教学环节。基础不好的学生，表情木然。

课堂再现六

老师激情洋溢地讲，有些教室里甚至还配有"小蜜蜂扩音器"，整栋教学楼都响起老师的声音，学生被动地听，课堂死气沉沉，毫无生机。

这样的课堂，教师罔顾学情，一本教参，一本教案，基本上一讲到底；学生上课自由散漫，无视课堂，积极性不高；师生缺乏交流，课堂教学内容处理、落实不到位；教与学关系处理不当，学生缺乏思考，学习主体地位被剥夺；教师极少关注学困生，导致部分基础差的学生产生厌学情绪。

基于此，经过多年的实践探索，在尊重教学个性的前提下，我们提出了"五多课堂"理念，旨在揭示课堂教学的基本规律，让课堂回归到原本的样子，以求解放教师、解放学生，切实提高课堂教学效率，提升教育教学质量。

---

① 郑桂华.语文有效教学：观念·策略·设计［M］.上海：华东师范大学出版社，2009：4.

"五多课堂"的学理内涵

"五多课堂"是追求教学合一、师生共同成长的育人课堂，呈现"多到学生中去、多让学生提问、多让学生展示、多让学生思考、多让学生讨论"的课堂形态，坚持"有教有类，因类施教"的原则。"多让学生提问"确定教学起点，"多让学生展示"发现问题，"多让学生思考"研究问题，"多让学生讨论"解决问题，"多到学生中去"发现、引导、帮助学生，构建以问题为核心的教学磁场，营造一种动静结合、师生和谐共生的教学氛围，从而使学习真实发生，使学生有高质量进步，最终促进师生共同成长。

一、多到学生中去

1. 置身学生中，不宜老站在讲台上遥望学生；

2. 时刻观察学生学习状态，及时发现学情；

3. 走近学生，俯下身子学会倾听学生；

4. 检查学生听课、做笔记情况；

5. 检查学生答题、做题情况（复习课）。

子曰："视其所以，观其所由，察其所安，人焉廋哉？人焉廋哉？"（《论语》）作为教师一定要具备这样的观察与判断能力。课堂上，教师不应只站在讲台上，应该多到学生中去，去发现学情，根据发现调整教学内容与方法。我们反对站在讲台上只顾着"念教案、放 PPT"式的教学方式，这样的方式对教学极不负责，对学生极不尊重。

部分教师上课其实只是重复着一个动作，反复着一句话：站在讲台上，手拿着鼠标，嘴里说着"抄完了没有？我放下一张喽！"在一次评课中，我曾说：一个教师上课时，始终站在讲台上一动也不动地遥望着学生，我真怀疑他（她）的足部是否患疾。正常的上课姿态是怎样的？当然是站在讲台上。站在讲台上，有一种好处是：可以纵观全局，大概看清学生的学习状态。然而，不足之处是：与学生有距离感，对学生难以细致观察，不能俯下身子去倾听学生。好的教学姿态是怎样的？走下讲台，身子略略前倾，与学生打成一片。

走下讲台才能更好地观察学生的学习状态，及时发现学情。当学生在表达时一定要倾听学生，默默地看着他（她），鼓励他（她）。还有什么值得注意呢？那就是检查学生听课、做笔记的情况。上课是要做笔记的，语文课也是如此。学生上课到底认不认真，你怎么知道？到学生中去呀！检查呀！一个一个看呀！现在有些复习课为何效率低？因为很多教师课堂上几乎不看学生答题、做题情况。"五多课堂"有一个标志，那就是微笑与激情同在。课堂上，教师置身学生之中是面带微笑的，又是激情洋溢的。没有激情的教师上课，学生是怎样的状态呢？一种刚刚起床时慵懒的感觉：教师在上面讲，学生在下面昏昏欲睡。

二、多让学生提问

1. 教学在学生的问题中展开；

2. 用教师的问题激发学生的问题；

3. 让学生自主提问；

4. 小组之间互相提问；

5. 小组之间答疑解惑。

西方哲学史上有一个著名的故事：

维特根斯坦是剑桥大学著名哲学家穆尔的学生。有一天，罗素问大哲学家穆尔："谁是您最好的学生？"穆尔不假思索地回答："维特根斯坦。"罗素忙问理由。穆尔解释说："因为在我所有的学生中，只有他一个人听课时总流露出来迷茫的神色，总是有一大堆的问题。"后来，维特根斯坦的名气超过了罗素。有人问维特根斯坦："罗素为何落伍了？"他答道："因为他没有问题了。"

问题发现能力对于人类的发展与进步具有重大意义，其重要性已得到学术界的认可。早在 1938 年，爱因斯坦就指出："提出一个问题，往往比解决一个问题更重要，因为解决一个问题也许仅是一个数学上或实验上的技能而已，而提出问题却需要有创造性的想象力。"美国学者波兹曼也说："一旦你学会了如何问问题，你就学会了如何学习。"

由此可见，课堂上多让学生提问是培养学生学习力的重要途径与方式。对于如何多让学生提问，我们姑且模仿郑板桥的《竹石》来表达观点：

咬定问题不放松，立根原在问题中。千问万问还要问，任尔东西南北问。

事实上，好的教学通常是由学生的问题开始的。学生的问题主要有两层意思：一是学生自身存在的问题，二是学生提出来的问题。教学中一定要善于发现学生存在的问题，用学生的问题激活课堂，构建以问题为核心的教学磁场。如何发现问题？这需要教师多到学生中去，去倾听、去观察，让学生多提问、多展示。概而言之：学生自己发现问题——提问来解决，教师发现学生的问题——展示来解决。

教育是一种养成。在实际教学中，学生基本上不敢提问、提不出问题，这需要教师为学生提供敢提问、能提问、提问得好的教学环境。

首先，教师提问激发学生的问题。提出问题既是一种思维方式，也是一种技能和学习习惯，要想学生提出问题，不妨给学生提问做一个示范，让学生模仿着提问。当然最终的目的是，通过教师的提问激活学生的问题，促进学生的思考，让学生提出高质量的问题。教师提问是催发剂，目的在于引燃学生的思维，使之向学习的深处开进。

其次，营造学生自主提问的和谐氛围。一次听课，一位女生的一句话让我感触特别深。老师说："来，你回答嘛，没关系的。"许久许久，没人敢回答。突然，有个女生说了这样一句话："老师，说错了，没关系吧？"我当时就想，这一句话提供了什么信息？第一，也许她怕说错。第二，也许她曾经有过说错后被骂或被嘲笑等不愉快的经历。所以她有点怕，有点紧张。课堂上，尊重每一位学生，那是多么的重要。课堂的和谐来自对学生的无比尊重。

学生提问并不局限于师生之间，小组之间的相互提问、相互解答，对教学大有裨益。如果小组之间相互答疑解惑，你帮我解答，我帮你解答，教师就解放了。其间，教师干什么？教师要学会观察，及时点拨、评价。学生问题解决了，学习不就真实发生了吗？课堂效率不就提高了吗？课堂之解放，终于学生之解放，始于教师之解放，教师要敢于放手。

三、多让学生展示

1. 让学生展示预习情况；

2. 让学生展示答疑情况；

3. 让学生展示学习结果；

4. 让学生当老师；

5. 及时纠正学困生的学习不足。

学习要有展示，展示的目的在于了解学生在学习过程中存在什么问题，以便及时帮助他们纠正；同时，也树立一个学习榜样，用来见贤思齐。课堂上，不妨让学生展示预习情况，展示答疑情况，展示学习结果，及时纠正学困生的学习不足。

华东师大卜玉华老师说："主动探索和发现是儿童智力和意志得以集中的最主要的根源。如果没有探索和发现，儿童的意志力就不会集中，儿童的兴趣、爱好和灵感也就无从产生。只有儿童主动投入到学校中去，其学习潜力才能犹如星火，使整个课堂燃起丰富而完美的思维之火，推动课堂教学活动向深层次迈进。"[1]

而让学生去展示，是发现儿童最重要的途径。说一句很实在的话："没有展示，就没有教学。"展示是看得见的展示，听得着的展示。展示时当让所有学生看得见、听得着，要对学生有形象上的感官冲击，因而让学生动手、让学生动眼、让学生动嘴，显得格外重要。譬如在理化生课堂上，学生做实验就是一种学习展示，比光看教材，效果好得多。再比方说音体美课堂，如果不让学生去展示，教师如何才能判断出他们的对与错呢？

在什么地方展示最好？我认为在讲台上最好，这样可以培养学生大胆表达的能力。敢于在讲台上表达的学生，通常显得阳光、活泼、自信。一个会表达的人一定有一个显著特征——会思考。教育应该让学生会思考。课堂上，请多让学生到讲台上站一站，展示他们的听、说、读、写情况，展示他们的动手、动眼、动嘴、动脑能力。多让学生展示，不仅满足了儿童乐于表现的心理需要，也培养了他们的分享品质。尤其是让学生当老师，帮着他人学，可以规避教学中"要么牺牲一部分先进生来换取后进生的进步，要么牺牲一部分后进生获得先进生的发展"的现象，以此来实现教学的双赢。

在这里不得不讲一个教学案例：

① 卜玉华．"新基础教育"课堂教学改革的深化研究［M］．福州：福建教育出版社，2014：175．

一次听一老师执教《观书有感》，老师要两位同学来展示朗读，第一位读得不合老师心意被叫了下去，第二位的朗读深得老师满意，于是老师说："哪一位同学朗读得好？"学生们纷纷赞同第二位同学的朗读。第一位同学面带窘色，而老师全然不知。

尊重是展示的前提。让学生展示时千万不能表扬了一位却伤害了另一位。如果有多位同学展示，教师要机智地发现他们的优点，巧妙地指出不足，并兼顾到每一位学生。

总之，展示具有多样性，可以在多种情况下进行各种展示，可以围绕预习内容和课堂讲授进行展示。只有展示出来，才知道学生需要什么。展示是为了更好地发现，发现是为了更好地分类，分类是为了更好地施教。

四、多让学生思考

1. 让学生带着问题去思考；
2. 让学生有一段安安静静的学习时间；
3. 不要急于让学生回答问题；
4. 引导学生发现教学兴趣点、疑难点；
5. 让学生先学后教。

吕叔湘说："教师培养学生，主要是教会他动脑筋，这是根本，这是教师给学生最宝贵的礼物。"①

《普通高中语文课程标准》（2017年版）指出："自己分析和反思自己的语文实践活动经验，提高语言运用的能力，增强思维的深刻性、敏捷性、灵

① 吕叔湘.吕叔湘全集（第十一卷）[M].沈阳：辽宁教育出版社，2002：69.

活性、批判性和独创性。"一堂课就应该让学生多去思考，要有一个质疑、探疑、解疑的过程。

让学生带着问题去思考。当学生阅读时，让他们带着任务、带着问题去读，而不是简简单单地说："同学们，请思考……"这话等于没说。为什么？要他们思考什么呢？学生们一头雾水呀，你得告诉他们具体的思考内容。比方说，欣赏一个片段，它在句式上有什么特点呀？修辞上有什么特征呀？要学生思考，必须给他们提供一个方向，明确往哪里走。有方向的思考才叫真思考，没方向的思考叫低效思考。教学时，教师要学抓关键，以此开启学生思维。

克拉夫基指出："只有当教学内容的难度达到青少年正在接近的发展水平时，使他们能够感知到，但又不完全理解时，他们才有可能产生对教学内容觉得有必要问一问，搞个明白的心理状态，从而锲而不舍地去钻研这些内容。"[①]思考的内容要接近学生的已有认知，太低或太高的思考意义不大。"力不能问，然后语之，语之而不知，虽舍之可也"（《学记》），讲的也是这个道理。

一堂课一定要有安静的时刻，不要急于让学生回答问题。教师提出问题之后，给他们三到五分钟的思考时间，学会等待。这就是教学等待。教学等待旨在让学生有一个安安静静的思考时间与空间。到学校调研听课时发现这样一个问题：当学生们在安静地默读课文时，教师不停地聒噪，提醒学生这，提醒学生那。其实，这是极其错误的教学行为，因为你的提醒影响了学生的正常思考。此时，你只需认真观察即可，俯下身子到学生中去：听他们读的情况，再看他们的面部表情是乐还是忧。然后，根据学生的表现，及时调整教学内容与教学方法。

引导学生发现教学的兴趣点、疑难点是一种思考。让学生先学后教也是

① 李其龙.克拉夫基的教学论思想（下）[J].外国教育资料，1986（6）.

一种思考。你们先学吧，我最后来教。这是一个多么美好的过程：学生安静地、主动地去思考，教师在学生中间，时不时地帮帮他们，安静之美就在此时出现。一节课40分钟起码有10分钟是要安静的，有个20分钟的安静时刻也不为过。我们的目的就是让学生安静思考，换言之：安静就是为了思考。多让学生思考，也需要教师自己多思考。好的课堂应该是积极思考的王国。

五、多让学生讨论

1. 发挥小组合作的作用；

2. 每组选一名代表组织讨论；

3. 各组之间互相点评；

4. 讨论不能走过场，教师要参与其中；

5. 讨论结果，教师要及时点拨、引导、评价。

杜威说："思维的材料不是思想，而是各种行动、事实、事件和事物的各种联系。换言之，一个人要有效地进行思维，必须已经具有或者现在有许多经验，给他提供对付所遇困难的办法。困难是引起思维不可或缺的刺激物，但并不是所有困难都能引起思维。有时困难使人不知所措，他们被困难所吓倒，感到沮丧泄气。困难的情境必须和学生曾经对付的情境有足够相似之处，使学生对处理这个情境的方法有一定的控制能力。"[①]

有些困难是需要学生凭借个人的经验解决的，有些困难是需要借助合作来解决的。由于学生之间的差异，困难的情境在合作中有了解决的可能性。这便是集体智慧的力量，集体的思维碰撞会产生一种新奇的结果。学生在独立思考的基础上进行讨论学习，是同学之间互帮互学、彼此交流知识的过程，

① 杜威.民主主义与教育［M］.王承绪，译.北京：人民教育出版社，2001：171-172.

也是互爱互助、相互沟通感情的过程。多让学生讨论，突出了学生的主体地位，培养了学生主动参与的意识，激发了学生的求知欲，促进了学生智力因素和非智力因素的和谐发展，最终达到学生乐学、会学之目标。

为了使讨论有序、有效，每组不妨选举一名代表组织讨论，各组之间互相点评各组的观点。讨论要真实开展，不能走过场。教师要亲自参与其中，帮他们当参谋。讨论的结果，教师要及时点拨、引导、评价。在一定程度上说，教师的教学艺术常常体现在点拨、引导、评价之中。教师要多在过程上加以指导与评价。"棒，棒，棒，你真棒！好，好，好，你真好！"这样笼统的表扬，我们是不主张的。

教育其实是这样一个过程：不断产生问题、暴露问题、提出问题、分析问题、解决问题的过程。如果把学生的问题解决了，教育的问题也就解决了。学生的问题是怎样产生的？什么样的问题是高质量的问题？教师如何把学生提出的低质量的问题上升到高质量的问题，从而激发学生的兴趣、维护学生的尊严？这都需要我们去探索与实践。

教学改革不是一味地强调创新，而是回归到教育该有的样子。教育该有的样子是学生真实学习，课堂该有的样子是展示、思考、讨论，是教师微笑与激情同在，是有教有类、因类施教、多到学生中去。"五多课堂"主张学习的真实发生，真实是"五多课堂"的生命力，应该让学生在课堂上有所得，一课一得或一课多得。

第二章

「五多课堂」的发展逻辑

"五多课堂"是课堂教学实践的成果，它遵循内在的发展逻辑，是一种既有理论与文化高度，又有实践操作意义的课堂，旨在揭示课堂教学普遍的规律。

"五多课堂" 的理论逻辑：因材施教

因材施教是孔子重要的教育思想。子曰："求也退，故进之；由也兼人，故退之。"子路与冉有性格有差异，故而孔子的施教亦不同。

《教师道德》一书中说："同样的一些教育方式，在一个教师手里是好的，而到另一个教师的手中就可能是完全不能采用的或者是效果很差的。在教师劳动中机械地运用别人的经验，通常是不能达到目的的。"[①]

教育的方法因人而异。

陶行知先生四颗糖的故事影响深远，内容大概是这样的：

陶行知先生的一位学生在看到有男生欺负女同学之后，就准备拿石头丢向那位男生，正好这一幕被陶行知先生看到了，陶行知先生及时制止了他，说："住手！"这名学生停下动作，没有把石头丢向那名男生。后来陶行知先生说道："放学后请到我办公室来一趟。"放学以后，这名同学按时来到了陶行知先生的办公室。陶行知先生递给他一颗糖，说："你能守时来到我的办公室，没有迟到，奖励给你第一颗糖。"接着说道："老师叫你住手，你立即住手了，证明你很尊重老师。"说着，又奖励给他第二颗糖。"我通过调查，了解到你

---

① 契尔那葛卓娃，契尔那葛卓夫．教师道德［M］．严缘华，等译．上海：华东师范大学出版社，1982：78.

是因为看到前面有男生在欺负女同学，才出手相助，保护那名女同学。这点证明你是个富有正义感的孩子，非常正直、善良，有和坏人作斗争的勇气，所以老师再奖励给你第三颗糖。"这名同学很后悔地说道："对不起，老师，我知道错了，我丢的不是坏人，是自己的同学，我不应该这样对自己的同学啊！我错了，你打我吧。"后来，陶行知先生奖励给他第四颗糖，对他说："你已经意识到了自己的错误，能够及时改正，这一点应该给予奖励。"

我曾经用类似的办法教育一位患有严重"网瘾"的学生，几乎没有什么效果。由于学生个体不一样，那样的方法不一定适合。陶行知先生教育的那位男孩，从本质上讲是正直的、善良的，如果换成那一位欺负女同学的男孩，别说四颗糖，就算是四十颗糖，对他来说都不一定顶用。教育，需要寻找适合的方法，适合的才是最好的。这便是因材施教的道理。教师的教育智慧，在一定程度上体现在为不同的学生选择不同的教育方法，懂学生，能变通。

因材施教，材即为学情。

何谓学情？顾名思义为学生的情况。概言之，学情就是对学生学习有影响的学生的知识掌握情况、学习兴趣、学习需要、学习方法、学习习惯、学习态度、学习环境、学生情绪以及自我状态、学生文化、学生生活等信息。

教学要承认学情的差异化。郑观应在《盛世危言》里指出："别类分门；因材施教。"怀特海在《教育的目的》里说："在教育中，如果排除差异化，那就是在毁灭生活。"世界上，没有两片完全相同的树叶；课堂里，没有两个完全相同的学生。教学中，如果排除差异化，那就是在毁灭课堂。基于此，"五多课堂"主张"有教有类，因类施教"。有教有类，倡导教学要分类，承认学生的差异化，根据学生特点进行分类教学；因类施教，即根据类别来施教，亦曰因材施教。

齐念等老师编写的《师德风范》里讲了这样一个教育故事：

马卡连柯主持高尔基教养院的时候，曾发生了一件不愉快的事情：一天，一名学生从食堂储藏室里偷了一只烧鸡，被人抓住了。马卡连柯把学生叫来，问他："为什么这样做？""想吃。"这个学生回答。于是马卡连柯把所有的学生集中起来，要求偷烧鸡的学生当场把他偷来的鸡吃掉。众目睽睽之下，学生却怎么也吃不下了，他垂头站着，请求宽恕，并表示今后不再干这样的事。后来，马卡连柯的学生卡尔巴诺夫在一个少年违法者教养院里主持工作时，发生了一个学员偷面包的事件，卡尔巴诺夫想运用马卡连柯的方式来教育偷面包的学生，没想到，偷面包的学生却当场平静地拧下一块他偷来的面包，旁若无人地大口吃起来。这完全没有达到卡尔巴诺夫预想的效果。他感到迷惑不解，为什么同样的事情采用同样的方法，却得到了截然相反的结果呢？有一次，他在翻阅马卡连柯的著作时，看到了这样一句发人深省的话："在我这里，没有两种情况是完全相同的。"卡尔巴诺夫从中受到了启示，找到了正确的答案：同样是偷窃事件，但偷窃的思想状况、当时的学校情况却不同。马卡连柯所以那样做，是因为他深深地了解那个学生的思想状况，并且教养院已经建立了一个形成正确舆论的集体。而卡尔巴诺夫却没有想到这些，生搬硬套，结果事与愿违。这就是同样的做法产生不同效果的"秘密"。[①]

其实这是两种不同类型的学生，教育环境不一样，性格不一样，文化背景不一样。只有从类别上加以甄别，施之以不同方法，才可取得理想效果。实践证明：分类是为了更好地施教。

再比如，我在一农村学校支教当第一校长期间，由于学校学生留守儿童居多，他们在家无法得到家长辅导，于是我跟语文老师根据实际学情明确了学校小学低年级教学的基本要求：课堂上留足时间给孩子背课文；规定识记的汉字，默写当堂过关。后来，我发现这样的教学内容非常适合孩子们，教学效果明显提高。

在具体教学中，由于不同学校、不同班级的情况千差万别，教师首先要熟悉、了解学生，然后再去探寻适合自己学生的教学内容。当下流行的群文与单元整合教学，如果在偏远的山村学校推广，是不合宜的；被大家推崇的

---

① 何齐宗.教育美学新论［M］.北京：人民教育出版社，2017：64-65.

批判性思维教学，若在落后的学校推行，也是不切实际的。"橘生淮南则为橘，橘生淮北则为枳"，教学亦然。在此，必须强调的是：我们讲的"有教有类，因类施教"不是指按照学生的特点进行分校、分班，把学生分成个三六九等，而是指根据学情，在班级授课形式下，科学有效地施教。

课堂上，多让学生提问与展示是分类的基础，根据学生的不同问题与展示情况确定不同的教学策略；教师多到学生中去，亲近学生，重视情感交流，增强亲和力，去发现、去引导、去帮助学生，真正做到因类施教。"有教有类，因类施教"这个道理，大家不难接受，而真正做到，并不容易，其中学情分析显得尤其重要。毫不夸张地说，谁真正掌握了学情，并能正确分析学情，谁就懂得了因类施教；否则，因类施教只不过是一句空话而已。

有这样一个四年级的班级：

上课有玩玩具的，有朗读是唱读的，还有走动的，他们根本不会分析课文，几乎不爱表达也不会表达……

这是班级学生学情的具体表现，我们如何做学情分析呢？下面以图文结合的方式呈现：

上课有玩玩具的，还有走动的

→ **构建教学秩序**（需要与班主任配合，要一段时间）

朗读是唱读的 ⟹ **老师带读**

根本不会分析课文，几乎不爱表达也不会表达…… ⟹ 请学生到讲台上去

教师讲解课文，告诉学生方法

根据学生特点，一一找出原因，拿出具体解决方案，这样的分析才是学情分析。

　　依据学情分析，习作课上，不妨这样处理教学：

　　（1）学生推荐代表上台读自己的作文；

　　（2）学生读单元例文，思考写作方法；

　　（3）老师带读单元例文，学生齐读；

　　（4）老师讲写人记事文的写作方法，学生记笔记；

　　（5）布置课后作业：仿照课文，完成习作。

　　我们不得不承认：在教学中，不少常识，我们是知道的，但知而行之者少，行而远之者寡。"五多课堂"强调的正是知行合一，真知道、真分析、真教学。

"五多课堂"的实践逻辑：解放学生

1999 年，叶澜在《把个体精神生命发展的主动权还给学生》一文中说：

如果我们经常到中小学去走走，不难看到这样的现象：在教室里，学生不仅按照课程表的规定和拿到的教科书上课，而且按照教师的每一个指令行动，每一个问题作答；教师清楚每一节课要教什么、为何教和如何教，学生却不知道学什么、为何学和如何学；教师是每日课堂生活的主宰者，学生是教师意志的服从者。当然，在课堂上也有一些教师会要求学生上课时提出问题，发表不同的意见，进行独立思考等，但最终大多还是纳入教师预设的框架；他们会要求学生积极主动地学习、理解规定的和现成的知识，但很少让学生自己去寻求知识、发现问题，创造解决困难的方法，去独立面对一个陌生的世界，一个生生不息的世界。这种剥夺因其不会带来自然生命的死亡而被忽视，甚至还因所谓教师的好心和善意、学生的无知和幼稚、需要成人教导等理由而被视为天经地义。但是，在我看来，恰恰是学校的这种教育方式，学生在学校中如此的生存方式，把学生生命发展中最宝贵的精神活力和创造力销蚀了，把学生形成积极、主动、自主的自我的可能性扼杀了。①

① 卜玉华．"新基础教育"课堂教学改革的深化研究［M］．福州：福建教育出版社，2014：137．

时至今日，这样的课堂现象屡见不鲜，并且还在继续发生。

这样的课堂被卜玉华老师称为封闭式的课堂：学生没有自主思考的时间和空间，学生是被动的学习者。封闭的另一面，就是开放。何谓开放？卜玉华老师说："所谓开放，是为了能够在教学的整个过程中从开端、开展到结束都能让学生打开走向多样化思考的空间，让课堂中的学生群体产生交互作用，发挥 1+1 大于 2 的效应，产生更大集体智慧，以使集体智慧高于班级中最聪明的那个学生。教师在课堂上的作用就是开发一些策略来表现业已存在的多样性的见解。在问题出来之后，教师不是急于得到一个答案即介绍对话，而是给学生充足的时间，让他们的思考向深处推进，呈现更丰富的内容，为生成更大智慧提供基础性条件。"①

开放实则指解放，唯有解放了教师、解放了学生，课堂才可能开放得了。

吕叔湘在《关于语文教学问题》一文中说："语文课既然主要是技能课，上课的时候就应该以学生的活动为主，教师的活动应该压缩到最低限度。中学生已经具有一定的阅读能力，教师只要在估计学生有困难的地方，例如某些难字难句，或是估计学生一时未必看得出、懂得透的地方，例如一篇议论文的某一部分内容，一篇文学作品的某些地方的写法，……指点一下就行了。如果不管学生自己看得懂看不懂都逐字逐句地讲，那就成了例行公事，只会引起学生的厌恶，鼓励学生的思想开小差。同时，课文的情况性质各不相同，不同班级的学习情况也不会完全一样，因而讲法也就不能千篇一律。"②

追本溯源，不难发现：如果教师不自我解放而处于封闭状态，学生会始终得不到解放，最终教师累、学生苦，教学效率低。

教师的自我封闭式教学具有以下三大特点：

第一，罔顾学情，一"讲"到底。不管什么课文，不管什么班级，都是

---

① 卜玉华."新基础教育"课堂教学改革的深化研究［M］.福州：福建教育出版社，2014：268.

② 吕叔湘.吕叔湘全集（第十一卷）［M］.沈阳：辽宁教育出版社，2002：32-33.

教师一个人讲，学生被动听，他们只要做好笔记即可。有些教师不敢放手，担心学生什么都不会；有些教师不能放手，害怕学生会生出什么"乱子"。于是，只有一路讲过去，才能心安理得，算是圆满完成了课堂教学任务。

第二，问题导航，一"问"到底。不管学生状态如何，预设若干个问题，课堂上以教师的问题引导学生，也不管学生真懂还是假懂，只要把问题问完就万事大吉。一节课，学生就是围着教师的问题转。

第三，过度预设，一"放"到底。把课堂设计成几个板块，每个板块精心设计若干张幻灯片，如果课堂上出现新情况，教师或巧妙地或笨拙地把学生的思维拉扯到自己的预定轨道上来，一起完成幻灯片的播放。

如何把教师从自我封闭状态解放出来？我的观点是：要从解放教师的嘴与手开始，教师解放之时即是学生解放之日。

早在1944年12月16日，陶行知先生在《创造的儿童教育》一文中就提出了解放儿童的五大主张：解放小孩子的头脑，解放小孩子的双手，解放小孩子的嘴，解放小孩子的空间，解放儿童的时间。[①]

"五多课堂"是基于五大解放思想的具体实践：多让学生提问，多让学生展示，多让学生思考，多让学生讨论。课堂上，不但教师清楚"每一节课要教什么、为何教和如何教"，而且学生要明白"自己想学什么、会学什么，想怎么去学、该如何去学"。学生的学不是教师课前强制规定的，他们的学主要来源于两点：一是课前基于学情分析由教师确定；二是根据学生与学科的需要现场生成。为更好地解放学生，教师要处理好"为"与"不为"的哲学关系：有些事情教师自己做——跟我学；有些事情师生一起做——帮你学；有些事情学生自己做——让你学。

"儿童是积极的主体，蕴藏着创造力和志趣爱好，却受到成人制定的旧教育制度的'压迫'。因此，首要的任务是解放儿童。教育者的基本目标应该是

① 方明. 陶行知教育名篇［M］. 北京：教育科学出版社，2005：323-326.

创造必要条件，让儿童的创造力与志趣爱好充分展现。教育者要为儿童创造一个适应他们生理和心理成长的美好环境。"[1]

课堂上，我们就应创设让学生自主、自由的学习环境，促进他们创造力与志趣爱好的充分展现。

解放学生的头脑——多让学生思考、多让学生提问；解放学生的双手——多让学生展示（写）；解放学生的嘴巴——多让学生讨论、多让学生展示（说）；解放学生的空间与时间——多让学生思考、多让学生展示（听）。

"五多课堂"追求真正的学堂，让学生在自由的空间自由地学习，培养他们的真心、信心、爱心、恒心、求知心，培植他们的想象力、创造力、审美力、学习力、合作力、阅读力、表达力、思辨力等诸多能力。在这里，每个学生都是学习的主体，他们都被关注，他们的学习热情很高涨，他们在一种轻松自由但又不乏理性与和谐的氛围中发现自我，成就自我，超越自我。

① 蒙台梭利.蒙台梭利文集（第一卷）：发现儿童［M］.田时纲，译.北京：人民出版社，2014：14.

"五多课堂"的文化逻辑：理性参与

心理学研究证明，"个体心理发展的过程是一个社会化的过程，通过社会化，个体获得在社会中进行正常活动所必需的品质、价值观以及社会赞许的行为方式。社会化过程包括学习、适应、交流等人类个体借以发展自己的社会属性、参与社会生活的一切过程"[1]。而学习，对于学生来说也是社会参与的一种体现。

学生在课堂参与中成长。实际教学中，学生参与，两类情况居多：一类是极少数成绩优异者参与，而更多学生成了"陪读生"；另一类是学生参与面虽广，但参与质量不高，比较感性。"五多课堂"主张学生理性参与，在中华优秀传统文化的丰厚滋养下，兼容并蓄、求同存异，培养其平等、开放、共识、理智、尊重、交流的精神，步入社会后有民主协商的民主意识。

多展示、多提问、多思考、多讨论，是课堂参与的重要表征；依据哲学原理，学生一定要做到"善于把事情看清楚""能够把问题想透彻""学会把道理讲明白"[2]，这才是理性参与。理性参与主要体现在三个维度：认真倾听，冷静思考，得体表达。

---

① 林崇德.发展心理学（第三版）[M].北京：人民教育出版社，2018：7.
② 李德顺.走近哲学：练就发现的眼睛[M].北京：中国政法大学出版社，2013：2.

如何"把事情看清楚"呢？这需要学生认真倾听。

课堂上的高科技运用带给学生的视角冲击感，虽然激发了他们浓厚的学习兴趣，但却冲淡了学生最基本的听的训练。课堂教学任务以幻灯片呈现，表达的观点早已输进了电脑。学生习惯了看，却荒废了听。一个不愿意倾听的人，通常显得很浮躁或太过自我。教师在下达教学指令时，学生要认真听；学生在展示时，其他同学要认真听，教师也要认真听。课堂上，师生认真倾听是一种美德，亦是一道亮丽的风景。听清了，再去思考，再去表达，学习才会真实发生，才会逐渐深入。

如何"把问题想透彻"呢？这需要学生冷静思考，没想清楚不回答。

课堂上有一种情况很是令人担忧：当教师刚提出一个问题，学生即刻纷纷举手，大声呼叫，跃跃欲试。学生积极是好事，但不假思索的积极，并不见得是好事。长此以往，学生会养成一种草率、浅层次思考的习惯。"淫慢则不能励精，险躁则不能治性"（《诫子书》），让学生冷静下来思考，是每一位教师必修的功课。

如何"把道理讲明白"呢？这需要学生得体表达。课堂上要训练学生的表达力：清晰、流畅、自然得体。

"五多课堂"认为：好的课堂不是在上课，而是在生活，在思考，在创造。课堂就是一种生活，不断与人交流、对话。所以，课堂上学生要学会清晰地表达，说话不含糊；也要学会流畅地表达，说话不结结巴巴、吞吞吐吐；更要学会自然得体地表达，说话真诚，符合身份、符合场景。这一切离不开有条理的思维。表达本身就是一种思维，不流畅、不清晰、不自然，就难以得体；不流畅、不清晰、不自然，主要是因为没想清。有条理地表达，需要有主有次、有先有后、有轻有重地去思考。训练学生的表达力，也是在训练学生动脑的能力，同时也在训练他们动嘴的能力。

学会理性参与，需要教师及时引导，养成习惯。理性参与的课堂，学生懂得尊重与民主协商，懂得倾听与理性思考，他们表达得体，彬彬有礼。

第三章

『五多课堂』的教学审美

"五多课堂"主张：上课，面对的是生命，要用教师的激情点燃学生的激情，实现课堂的育人价值……

学习真实发生

　　"真"是"五多课堂"的审美特征之一。"五多课堂",基于问题教学,以学生问题确定教学起点。"学生展示"暴露问题,"学生提问"呈现问题,教师根据学生问题确定或及时调整教学内容。

　　"五多课堂"关注每个学生的需求,教学面向全体。课堂上尽量让每个学生都参与进来,多展示,多讨论,让他们在参与中享受学习的快乐。学习真实发生主要体现在以下几个方面:

　　真实离不开自然表达。记得一次听课,一位女老师操着一口标准的普通话,俨然舞台的节目主持人,学生仿佛观众,呆呆地观望着老师在讲台上表演,老师人为地拉开了与学生的距离。课堂语言不应是一种板着面孔的教化和一种拒人于千里之外的孤傲的独演,而应该是从里到外都能发出真实的召唤的声音,能够把学生召唤到这堂课里来,这种召唤是生命的召唤、真情的召唤、生活的召唤。我们的每一句话,是声音的艺术,是艺术的再现,是思想的载体。对音色的把握,对语言的选择和提炼,何时点拨,何时启发,都要斟酌和推敲,只有这样严谨地对待,才会让自己的课堂发出真实的声音。而这一切都离不开自然。自然的表达,重在对话,对话主要体现在师生交谈,交谈要真诚,语言宜生活化,介于书面与口语之间。教师要平等地对待每一位学生，真诚表达自己的态度与观点。课堂的最高境界，其实就是人的最高境界。学习真实发生，教师首先要做个真人，人真，言才诚。"五多课堂"主张学生理性参与，教师当做好榜样，成为生活的热爱者、语言的艺术家。

真实借助互学与帮学。同学之间互相学习，你我互助，互通有无。教师要善于搭建学生沟通交流的桥梁，要营造和谐、自由的课堂氛围。可以这样说，没有和谐的氛围，没有共享的品质，没有乐于助人的精神，互学与帮学是无法实现的；如果有，那也是表面的伪装。"功夫在诗外"（陆游语），"五多课堂"强调育人，教师的功夫亦如是。一次我执教《火烧云》，一男生模仿课文说话，当他说出"一会儿火烧云像一只老虎"后就语塞了，我趁机说："老虎怎么样呢？大家可以帮帮他。"突然另一个学生说："张牙舞爪。"这位男生来了灵感，接着说："一会儿火烧云像一只老虎张牙舞爪，正好抓住了一只猎物，在津津有味地吃着。"这时，他又停了下来，我及时肯定"津津有味"这个词用得好，他高兴地说："突然猎物消失了，老虎也消失了。"有同学说："不要重复出现消失。"我连忙说："哪位同学帮着一起思考思考？""突然猎物消失了，老虎也不见了。"一位女生大声说。学生练习说话的能力，在互学与帮学中得以提升。

真实要求多关注学困生。"五多课堂"不提倡一味地表扬，主张要善于指出学生的错误，尤其对于学困生。老师有什么作用？第一，鼓励、表扬学生以激发起学习的兴趣；第二，含蓄、委婉地指出学生的错误，《学记》里讲的"长善救失"就是这个道理。所以，适当、适时地指出学困生的错误比不负责任地胡乱表扬有意义得多。无论是表扬还是指出问题，一定要给出过程评价，以达育人之效。"五多课堂"坚持"用课堂改变孩子"的教育理念，让学困生重塑人生自信。在此过程中，教师一定要调动情感激发力。何齐宗说："教育审美情感是审美主体对客观的教育美的一种态度体验。人在教育过程中，不仅形成了对客观事物的各种认识，而且还表现出各种不同的态度。教育美感中情感活动是随着对教育美的认识而产生和发展的，即随着对教育美的感知、联想和想象，引起审美主体的各种情绪和情感活动，才使情感贯穿于整个教育美感活动中，并成为教育审美心理中最活跃的因素。教师创造教育艺术都是以自己的情感推动力支配进行的。没有情感就没有真正的教育艺术。"[①]多关注学困生，一定要多倾注情感，眼里溢满爱，心中装着光。优秀的教师，他们的表情会说话。

真实一定是基于生成的。孔子讲："不愤不启，不悱不发。"教学之功在于"引导"二字。"五多课堂"倡导跟着学生走，帮着学生学。教师跟着学生走，才可有生成；牵着学生走的教学，不但不能生成，还会制约学生思维的成长。帮着学生学，方可在生成基础上有进一步的生成，在学习上不断超越。在这里，我想举个例子说说真实生成的教学意义。一次执教《念奴娇·赤壁怀古》，我让一位学生朗诵全词后，其他同学对该生的朗诵进行了点评。当第二次邀请他朗诵时，主持人用淡淡的语气说"让我们再一次掌声有请"，该生面有难色。于是我借机说："由于是主持，我们还是要注意文采，不能简单地用'再一次'，接下来请大家结合课文写一段主持词，然后请两位同学上台主持。"同学们开心地接受了这一学习任务。几分钟后，女主持人说："江山如画，一时多少豪杰，忆往昔，苏东坡在赤壁发出感慨与悲愤。看今朝，同学们风华正茂，现在隆重请出艾俊同学为我们再朗诵一次这千古流传的《念奴娇·赤壁怀古》。"男主持人幽默地说："刚才我们欣赏了老师的雄姿英发、豪情壮志，他那声音深深地震撼了我们的心，现在让我们用热烈的掌声隆重请出艾俊同学再次登上这美丽的舞台，相信艾俊同学会迈着自信的步伐，挺着自信的胸膛，用那英俊潇洒的面貌和铿锵有力的朗诵来征服我们。有请！"艾俊同学自信乐观地迈上讲台，富有激情地再次朗诵，赢得了全场掌声。既然有主持，我们便要适当训练学生结合课文内容写

———————————

① 何齐宗.教育美学新论［M］.北京：人民教育出版社，2017：249.

作主持词的能力，培养他们上台主持的能力，同时也要保护与尊重朗诵者。

真实需要讲逻辑。一次一老师送教下乡执教《送孟浩然之广陵》，而学生早早就学了这篇课文，但老师依旧从字词、作者简介入手进行教学，这样的课堂哪里谈得上真实发生。学生已经懂了，老师依旧将之当新课来上，从学理上讲这是对学情的严重忽视，实际上这是不讲逻辑的具体表现。"五多课堂"遵循"懂得—欣赏—运用"的教学逻辑：学生不懂，要教他们懂；学生不会欣赏，要教他们欣赏；学生不会运用，要教他们运用。一些课堂杂乱无章，主要是因为教学逻辑的缺失。教学逻辑主要体现在教学过程的先后顺序。例如，一老师执教《美丽的西沙群岛》，老师抓住"风景优美，物产丰富"八个字带领学生品读课文之后，设计了一个活动：如果你是导游，请你给旅客朋友介绍西沙群岛。活动设计不可不谓精彩，如果上课伊始就设计这样的活动，对学生自主学习帮助更大；课上完了，再去做这样的活动，意义就减少了许多。"五多课堂"遵循"尊重文体"的审美逻辑：站在文体角度对人物与事件进行审美鉴赏，而不是想当然加以所谓的创造性批判。例如用现代观点去批判愚公，移山不如搬家之类云云，皆是不尊重文体的体现。尊重文体，也要尊重历史。曾听某老师执教《小石潭记》，课中老师展示现在的小石潭的照片，学生们惊呼道："原来跟课文里描写的太不一样了。普通山水在作者笔下便成了不朽篇章。"这样的审美是不合乎逻辑的。小石潭历经千年岁月的磨蚀，模样已大不一样，今日读者所见并非昔日作者所见。看不看现在的小石潭，作用并不大。文学长存于读者之心。"五多课堂"让教师明白：先教什么、后教什么，什么要教、什么不该教，为什么要这样教而不能那样教。这是教学的基本逻辑。

"五多课堂"强调课堂上有看得见的进步。学生在多提问、多展示、多思考、多讨论中得以进步。课堂是移动的，它跟着学生在走；课堂是开放的，它带给学生学习的自由。课堂上应该有一个不知到知的过程，不敢到敢的跨越，不会到会的转变，不喜欢到喜欢的改观。从一般角度来说，看得见的进步至少有三个方面的提升：知识的提升，素养的提升，情感态度价值观的提升。学生会享受进步的快乐。当然，除了学生进步之外，师生共同进步是"五多课堂"的理想追求。教师进步体现在课堂上学生的进步促进教师的进步，课前的认真备课、课后的深刻反思倒逼教师的进步。

在"五多课堂"里，师生的教学行为是真实的：真真切切教，明明白白学；不装，不演；说真话，学说真话；做真人，学做真人。

实现教学合一

课堂教学，主要存在两种行为：一是教的行为，一是学的行为。

那么，教与学到底是一种什么样的关系呢？随着课堂教学研究的不断深入，大家对教学关系的认识逐渐在发生变化：若干年前的"以教为中心"说，逐渐演变成"以学为中心"说，教学中学生的主体地位日益被重视。不过，"以教为中心"与"以学为中心"的观点，都是各自在强调教与学的两个极端，教学只不过从教的一端走向了学的另一端而已。

我们先来看看两个教学案例。

这是抖音上的一个教学视频[①]：

只见男老师拿着笔在空中戳动着，自我陶醉地踮着右脚，铿锵有力而又激情四射地嘶吼着："拿到这个题目（化简 $\dfrac{4\sqrt{3}}{2+\sqrt{3}+\sqrt{7}}$），有些同学风轻云淡地说一定是分母有理化……"话音未落，瞬间抬头，拧巴着眉毛，瞪大双眼故弄玄虚："请问，它长得像分母有理化吗？"

---

① 文字由"春来咏语"教研团队王林老师与我根据视频整理。

（教师的表情十分丰富，根据学生的问题直接发问，激发学生的思维。）

"当然不像，因为分母有理化的分母只有两项，而它是三项。"他挤眉弄眼地自问自答着。

（教师开门见山地指出问题所在，他的丰富表情让人自然发笑。）

"那么它考的是什么？"他又单手指着题目，抬眉偏头夸张地问。

"很多人说我不会，我不会！因为不是分母有理化，所以我不会！"他一边用劲地跺着脚，一边用手指着题目，鼓睛努眼歇斯底里地呐喊着。

"同学，你会！为什么会？因为你是一个人，你会选择思考解决问题的办法！"停顿几秒，他努着嘴，咬着牙，横着眉，用尽全身暗劲张狂地说。

（用激情鼓励学生敢于思考，站在人的角度告诉学生要懂得思考。）

"怎么办？先写一个解……原式等于……等于什么我也不知道啊！但是我哈哈大笑两声……"他一副尽在掌握之态，音调时高时低。

"我一定能够做得出来……"他故意边说边看向天花板，转眼间他右手拿着笔在空中点戳着，且无比自信而又十分坚定地说着，"因为只有完全平方和平方差两个支点可以使用。"

（培养学生的自信力，克服困难，战胜自我。）

"哈……我们看 $4\sqrt{3}$ 它等不等于 2 乘 2，再乘 $\sqrt{3}$。"老师边轻轻松松地写，边慢条斯理地念着，念完不忘偏头皱眉憋嘴、挤眉弄眼地问，"请问这不是 2 和 $\sqrt{3}$ 吗？那么 2^2 加 $(\sqrt{3})^2$ 等不等于 $(\sqrt{7})^2$？这不是有 2^2 加 $(\sqrt{3})^2$ 吗？"

（教学生去观察，去发现。）

"想啊，不会怎么办？"突然画风一转，老师摊开双手，跺着脚，瞪大眼睛仰起头浮夸地喊着，"不会，我想啊！"

"分母不变，那么对于分子，我想让 $4\sqrt{3}$ 和 $2^2+(\sqrt{3})^2$ 在一起，很简单，我先写 2^2，再写 $(\sqrt{3})^2$，然后写 $4\sqrt{3}$ 啊！"（板书：$2^2+(\sqrt{3})^2+4\sqrt{3}$）老师踮着脚尖，耸着肩自信满满且云淡风轻地描述着。

接着他时而耸肩，时而看向黑板，时而紧皱双眉，时而偏着头，声音忽高忽低、自问自答地述说着解题思路："请问我上面多了个几？……多了个 $2^2+(\sqrt{3})^2$……那么我再减个它行不行？它是谁？它就是 $(\sqrt{7})^2$。"随着他声音的起落，黑板上已写好第一步解题过程。

"请问前三项是什么？是完全平方。"看着黑板，老师慢条斯理地张大嘴形放慢语速自问自答着。

（再一次启发学生去观察，去发现，去思考。）

继而只见老师身体后倾，踮起右脚脚尖，手执笔，提眉张嘴提高语调，故意变声变速地喊着："$a^2+2ab+b^2$，所以就是 $(a+b)^2$，再减 $(\sqrt{7})^2$。"至此他转身，边画着分数线，边自问自答："分母还不变。请问上面是什么？上面就是平方差公式呀。"

"所以 a^2-b^2，分母还不变。"只见老师摇头晃脑沉醉其中地念着。

"有的同学就说约掉，"老师一脸得意笑着说，"就是 $2+\sqrt{3}-\sqrt{7}$。"

此刻，老师拿着笔转身，踮着脚耸着肩往左边倾斜着身体，在空中用笔反复戳点着，挑眉噘嘴使出浑身解数地说："所以拿到一个题目，你不要轻易地放弃，更不要盲目地告诉我，它一定是哪个考点。"停顿片刻，他摊开双手摆在空中，一副胜利者的姿态，骄傲自满地说教着："你需要先思考，不要动不动就抱怨自己不行，更没有必要动不动就羡慕别人有关系有背景，要什么关系和背景！"

"我就是关系，我就是背景，我就是靠山！"最后老师用自身的实力狂妄且激动的呐喊结束了讲授。

（用激情育人，课堂上不仅仅是讲了一道数学题。）

看完这位老师的课，不禁让人想起帕克·帕尔默说过的一段话：

我最难以忘怀的是有这么一位导师，他似乎违背了优质教学的所有"金科玉律"，讲起课来眉飞色舞、口若悬河，不给学生留一点提问和评说的时间。他只沉迷于自己的想法，对学生的看法听而不闻，这倒不是他瞧不起学生，而是因为他迫不及待地要用所知的唯一方法去教学生——让学生分享他的知识和激情。因此，他上的课几乎都是独角戏，而学生只配当听众。他如此这般的满堂灌听起来像是一场教学噩梦，但当时我却莫名其妙地着迷于他的教学——的确，正是他改变了我的人生。数年后我才明白了为何对他的教学心驰神往，那是因为他为我揭示了追寻自我认同的线索。[①]

只要我们认真思考，不难发现：这是一种典型的"以教为中心"的课堂，但这样的课堂并不像我们平时看到的那种灌输式的糟糕的课堂。何也？因为教师的教转化为学生的学了，教师以激情感染了学生，以思维激活了学生的思维。

我们再看一个教学案例，这是电视剧《马大帅》里的一个精彩片段[②]：

已然上课，教室里一片喧哗，孩子们你一言我一语，仍沉浸在课间的兴奋与快乐中。校长一脸严肃地走进教室，他们瞬间安静下来。

"同学们好！"校长一本正经地开口道。

"老师好！"孩子们一如既往地答道。

校长高冷地问："我是你们的老师吗？"

"校长好！"他们识趣地配合着。

"请坐！呃，今天呢，同学们可能有点怀疑啊，为什么你们的老师没来上课？因为课程安排，校长临时给你们上一堂数学课。"校长偷瞄着讲台上的课本封面抿了抿嘴说道。继而他转了转身，看向黑板，发现不知如何开始，便一本正经地说道："这个数学啊……注意听！上堂课你们记住讲到第几课了？"手里不停地卷着数学书。

（没备课，临时拿着教材就来给学生上课。）

---

① 帕克·帕尔默.教学勇气：漫步教师心灵（20周年纪念版）[M].方彤，译.上海：华东师范大学出版社，2020：61.

② 文字由"春来咏语"教研团队王林老师与我根据视频整理。

"第五课。"

"把书本翻到第五课。"校长边说边故作娴熟地翻着数学书。

同学们迅速地翻开了书本。可是校长一翻发现不知何页是第五课，便一边移步至讲台附近的同学桌子旁边，一边利用声音掩饰着内心的不安，重复道："把书本翻到第五课。"又瞄着学生的书本道："第101页。"此时他自己也照着学生的书本内容找到第101页，余光确认自己所翻内容与学生们的书本显示内容一致后，迅速回到讲台上。他两手撑在讲台上，一本正经地看着书本，不时用手摸摸鼻子，又把书本拿到胸前，扶扶镜框，看看学生，酝酿许久才蹦出一句："注意了啊！……哪位同学想提问题？"一位学生在他话音刚落便积极举起了手。

（因为他不知道要教什么，所以让学生提问，这与"五多课堂"提倡的"多让学生提问"是有本质区别的。）

"站起来，你想提什么呢？"校长有模有样地问。

"我给出一道题。"

"是你会的，还是你不会的？"校长忐忑不安道。

"不会的。"

"不会的，上来，把你的题写在这里。"校长一边看学生书写题，一边若有其事地研究教材。待学生写完后指示学生站在讲台旁边，然后端详着黑板说道："好的。这道题是……"顿了顿后问："一道什么题呢？"问完便看向身边的学生。

"方程题。"

"对，是方程题。方程题叫……给我念一遍……"校长拿着教棍，指指黑板，点点一旁的学生。

"$6x$ 减去 35 等于 13。"学生老实地念着。

"$6x$ 减去 35 等于 13。"校长用教棍指着黑板重复了一遍，继而一脸疑惑地看着身旁的学生问道，"这不都算完了吗？……"

（不得不说，这是一位几乎没有学科素养的校长。）

"嗯，这是一道方程题。"学生答道。

"我知道，为什么等于13呢？"校长又看向学生。

"因为……"这时同学之中发出了声音。

校长顺势点到了发声的同学："你说为什么等于它？"

"因为它求那个x。"学生回答。

"求……就x欠它的……"校长一边牵强地解释着，一边瞪大眼睛心慌地看向学生求得印证。孩子们听见校长的话，不自觉地笑出了声。

"别笑……方程题……怎么解呢？谁会？来，你上来，把你的答案写给他。"校长蹩脚地往后退了退，给学生腾出答题的位置，用教棍有模有样地指了指黑板说了句："那里有笔，你搁这写。"以此来掩饰自己内心的慌乱，嘴上还严肃地喊道："瞅着，别交头接耳……"

"$6x$等于35加上13，$6x$等于48，x等于48除以6，x等于8。这应该是这道题的答案。对吧？"校长拿着教棍指指画画，一板一眼地念着，最后不确定地看向答题的同学求证。孩子自然地点了点头。

此时，校长才提高音量，粗声粗气地问道："同学们，他这道题算得对不对？"

"对！"

"对不对？"校长点着头底气十足大声地问道。

"对！"

"好！对就大胆地回答嘛！"校长努努嘴坚定地说道，"这道题是对的。"他用力地指指出题的同学，又指指黑板上的题，严肃地问："你，记住了吗？"出题的同学说："记住了。"

（教学只追求答案，而不讲究方法，因为他压根儿就不懂。）

"记住了回去。下次注意啊！"校长命令道，用粉笔在黑板上画上了小勾，不满地吞咽着口水望了一眼学生，然后将粉笔撂到讲台上，又低头看看腕上的手表。"还有谁有问题？"校长说道，"嗯。你来把你的问题写在黑板上。"他点了一个举手的同学。

学生认真地写着自己的问题，校长侧着身子盯着她，直至她写完。"$3x$ 等于 40 再减掉 4。会不会？"校长满怀期待地问。学生无奈地摇摇头。"怎么学的？老师过去教没教你们？"校长责怪地说，"你为什么不会？你别笑！……谁会？嗯……来，那女孩儿……来给她答一题。你注意看！"

不一会儿学生已完成，校长让答题学生站在一旁，用教棍指着黑板说："嗯……大家看啊！……"他手上的教棍在空中顿了顿，不知如何念"解"，便故弄玄虚般地问："这念啥？"

"解！"学生齐答着。

"哎，为什么念解呢？……就是要解释这道题。"他语速飞快，以此来掩饰着他的无知。校长接着用教棍有力地点着黑板上的题目声声掷地地念着："$3x$ 等于 36，x 等于 36 除以 3，x 等于 12。这就是这道题的答案。她答得对吗？"念完心虚地望着四处等待同学的回应。

"对！"学生们小声地说。

"哎……这道题是对的，回去赶紧复习，好不好？"此时校长放下粉笔，温和地看着同学嘱咐道。待学生走下讲台，校长又摸摸手表，转转手腕，看看时间无奈地问："还有谁有问题？"一位举手的男生被点名到黑板上写题目。

"注意看，这道题数大！……"校长边看边"尽职尽责"地解释着，"这道题是 132 减掉 $2x$ 等于 100。"说着拿起粉笔模仿学生自信地写下解，还不忘加上冒号，手指点点这道题，欲言又止地拍拍手上的灰尘，然后问："哪位同学会？举手！"

此时教室里鸦雀无声，学生们齐刷刷地望着校长。校长侧着身歪着头一再确认无人举手后，加重语气问："哪个同学会这道题？"又扶扶镜框双手撑在讲台上，拿着教棍指着题目怒目圆睁地问："平时学过没？这是 132 减掉 $2x$ 等于 100，虽然说它数大点儿，但是大情大不了理。这就是……"语塞之后，他取下眼镜，紧皱双眉，满脸哀愁地说："这不是我批评你们啊！你说我这学校办得容易吗啊？这么简单的乘法方程题你们都不会，你们太让我这校长伤心了，全班没一个人会，哪怕你们站出来一个英雄，也不至于让我……"语顿之后，他慌乱地戴上眼镜，双手背到身后，仔细端详着黑板走到另一边，侧着身子看了看黑板上的题，继而一本正经地解释："这边看也是方程，明白吗？就是无论从哪个角度看，它就是道方程题，它是非常简单的，并不可怕。是吧？……"说着擦擦额上的汗，语重心长地教导着："所以我们平时……"

此时班上李老师及时走进教室解围道："校长，那个教育局的人找你。呃……校长还有很多事情要处理，那么这堂课由我来代，让我们用热烈的掌声欢送马校长……"临走时马校长不忘高高在上地叮嘱："同学们好好听李老师给你们解释这道题，因为我没时间了，谢谢。"说着匆忙走出教室。

看完这段教学，我们不得不承认：教师无本事，学生难以学，虽然课堂"以学为中心"。实际上，教学是一个动态过程，不以某一对象为中心。华东师大教授卜玉华指出："教与学的展开逻辑不是教中心，也不是学中心，教与学是一个有机整体，是师生围绕教学内容，通过共同参与、对话、沟通和合作等一系列活动，产生交互影响，以动态生成的方式推进教学活动的过程。"[1]丹纳说，一件艺术品，无论是一幅画，一出悲剧，一座雕像，显而易见属于一个总体。好的教学也是如此，无论是教还是学，都属于一个总体，它们是合一的。

正因如此，叶圣陶说："见不到处给学生点明，容易忽略处给他们指出，需要参证处给他们提示；当然，遇到实在搅不明白处，还是给他们讲解。"[2]

所以，"五多课堂"认为：

---

[1] 观点来自卜玉华老师 2018 年 10 月 11 日在华东师大的学术讲座《当代课堂教学的价值追求与实践转化》。

[2] 叶圣陶 . 叶圣陶语文教育论集［M］. 北京：教育科学出版社，2015：137.

好的教学，追求的就是教学合一的境界。在整个教学过程中，教师根据学生的学不断协调教与学的关系，以求合一。教与学，好比阴与阳，一阴一阳之谓道，一教一学之谓道。教学就如阴阳，在整个教学过程中，它们在相互转化：教促进学，学决定教；教就是学，学也是教。教与学的关系，不是简单的"以学为中心"，也不是简单的"以教为中心"。在学生一无所知的情况下，教师的教就是学；一旦学生有了学的基础，如果教师用教替代学生的学，便是大错特错。

常有老师问我，你见过的课堂主要有什么特点？我说可以用 12 个字来概括：瞎折腾、催眠曲、兴趣浓、境界高。

（1）瞎折腾：热热闹闹一团糟的课，少有收获。

（2）催眠曲：死气沉沉无生机的课，少有收获。

（3）兴趣浓：课堂师生互动、有效的课，较有收获。

（4）境界高：课堂有生成、促进学生学习且影响深远的课，师生大有收获。

课堂现状都可以从背后找到学理支撑，教与学的状态，大致可以分成以下四种：

学理思考

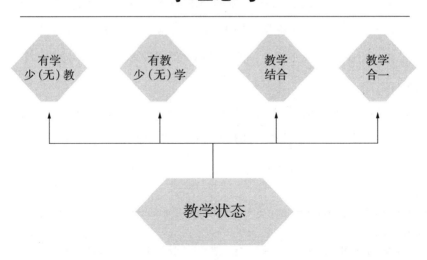

学生热热闹闹，少有收获，因为有学少（无）教，教师没起到"传道授业解惑"的作用；学生死气沉沉，少有收获，因为有教少（无）学，教师的教没有促进学生的学；学生学习兴趣浓，师生互动好，因为教学结合，教较好地促进了学生的学；课堂有生成，师生皆有收获，因为教学合一，教即是学，学也是教。

在遵循立德树人的教育宗旨下，课堂的好坏，主要在于教与学的关系处理是否得当。不明白这个道理，就难以在教学上取得进展。

第
三
节

追求动静结合

听一些课改课，常有一种担忧：学生扯着嗓子大呼小叫，纷纷举手要回答问题，一节课闹腾个不停；如果一整天都是这样的学习状态，他们的身心将会多么疲惫。

听一些家常课，会有一种痛感：学生几乎昏昏欲睡，无精打采，课堂一片沉闷，他们的精神又是怎样的一种煎熬呢？

"五多课堂"尝试打破走向极端的课堂窘态，追求时而静、时而动，动静结合的课堂之美。

苏霍姆林斯基说："教室里寂静，学生集中思索，要珍惜这样的机会。"

周彬说："虽然课堂教学也有希望学生动起来的时候，但总体上还是以要学生静下来为主。然而在学生这个年龄，他们动起来的本能成分，可能远多于静下来的本能成分；而课堂教学对他们静下来的本能成分的需要，却又远大于动起来的本能成分。"[1]

古人云：静能生慧。教师要提供静的环境，让学生静下心来。而实际上，学生该静的时候被要求动起来，该动的时候被强迫静下去。很多时候，我们

① 周彬. 课堂密码：对课堂教学的深度思考［M］.上海：华东师范大学出版社，2009：125.

的教学偏离了常识。

"五多课堂"主张在安静的时光中，思绪飘飞、心游万物；在安安静静的教室里，我心舞动、思接千年。学生多思考，就是静的最好体现。"五多课堂"主张在课堂上学生有一个自学的过程，这个过程也是静的过程。"多让学生提问"强调的也是一份静，只有先静下来，才能提出好问题。静不同于沉闷，静是思维的集中凝聚，沉闷是思维的僵化与呆滞；静暗含着探究与喜悦，沉闷体现着无助与痛苦。当学生静下来时，教师千万不要破坏了这份美。"天地间真滋味，惟静者能尝得出；天地间真机括，惟静者能看得透"（清·金缨语），课堂间真问题，惟静者能想得清。记得有一次，湖南衡东县语文名师工作室老师专程来听我的"五多课堂"，我执教高三作文复习课。课后，有一女老师问我："您的课堂上，有十多分钟非常安静的时刻，您当时不怕冷场吗？"我说："他们在思考问题，这是很好的现象。"老师很惊讶地说："当时看您那么轻松自然，特别佩服，而我们碰见这样的情况都会急得要命。但学生后来的表现很精彩，应该是安静后的作用吧？"我们见惯了公开课上学生跃跃欲试的热闹，哪知道学生的真实状态一定是有困惑与凝思的。

"五多课堂"也主张动，学生的动分"看不见、听不见的动"与"看得见、听得见的动"两类。

"学生多展示，学生多讨论，学生多提问"属于后一类动，其中有学生的活动，亦有互动。在生生互动、师生互动中，有思想的碰撞，心灵的对话。朱光潜说："语言的音乐性在默读中见不出来，必须朗读，而且反复地朗读，有时低声吟哦，有时高声歌唱。"[1]

为体现语文的内在特征，"五多课堂"要求多诵读，高声诵读是其显著特征。《白鹿原》里的朱先生说："世间一切佳果珍馐都经不得牙齿的反复咀嚼，咀嚼到后来就连什么味儿也没有了；只有圣贤的书是最耐得咀嚼的，同样一

---

[1] 朱光潜.读写指要［M］.上海：上海文艺出版社，2019：49.

句话，咀嚼一次就有一回新的体味和新的领悟，不仅不觉得味尝已尽反而觉得味道深远；好饭耐不得三顿吃，好衣架不住半月穿，好书却经得住一辈子诵读。""五多课堂"讲究的正是这种反复诵读的场景。

静是相对的，静中蕴含着动，这种动是指思想之动，是看不见、听不见的动。学生在思考，其实是思维在运动，因为思维在运动，学生内心会有安静的学习诉求。教师要珍惜这样的美好时刻。

何齐宗在《教育美学新论》里说："一般来说，在整个教育过程中，从头至尾的'动'或自始至终的'静'都不能满足学生的精神需要，也不可能取得很好的教育效果。"

"五多课堂"追求的就是这样一种动静结合的课堂。"学生多提问、学生多展示、学生多思考、学生多讨论"有张有弛、有疏有密、有静有动，极富教育节奏之美。

立足课堂育人

课堂，当是育人的生命场，但不少课堂，只重教学，而轻育人。针对此类现象，"五多课堂"把育人摆在突出位置。课堂育人指向两个维度：一是学科学习育人，二是教学过程育人。从学科上说，每门课程都要肩负起育人的重任；从教学过程上说，整个过程都要针对于人的成长。

从语文学科角度来讲，它的育人价值体现在三个层面：

一是满足学生通过文字，认识世界、表达自我、与他人交流、拓展精神世界的成长需要；二是打造中国儿童的汉语根基、精神根基和文化根基；三是有助于儿童形成言语个性与风格，发展以言语为核心的独特的精神世界，优化观察与理解外部世界的视角和思维方式[1]。

在我看来，语文学科育人要培养学生理解与运用祖国语言文字的能力，掌握语文的基本技能，要做到：出口能成章，下笔可成文，走向真善美。

从教学过程角度讲，需要教师时刻关注学生，激情育人、对话育人、机智育人。

激情育人。美国著名教授理查德·威伍说："想要教好的教师可能在大多

---

[1] 卜玉华 . "新基础教育"课堂教学改革的深化研究［M］.福州：福建教育出版社，2014：152.

数情况下都是志向更高和激情奔放的。伟大至少一部分出自天赋，这是无法传播的。然而，伟大的教师一定是有激情的教师。"苏霍姆林斯基指出：有激情的课堂教学，能使学生带着一种高涨的情绪从事学习和思考。看过一段视频：一匹马深陷泥潭奄奄一息，人们对之束手无策，只见一群骏马奔驰而来，围着它飞速奔跑，又听见赶马人吆喝着、呐喊着，骏马的嘶鸣之声响彻上空，此时，它突然前蹄一跃，身子腾空而起，猛地跳出了泥潭。我们不得不感叹：生命的激情可以召唤生命的激情，激情充满了神奇的魔力。正是如此，"五多课堂"主张：上课，面对的是生命，要用教师的激情点燃学生的激情，实现课堂的育人价值。激情与微笑同在，成为"五多课堂"的外部特征。

对话育人。佐藤学说：教室中的学习是通过与对象世界（事物、教材）的相遇和对话，是通过教室中与教师、与伙伴的相遇和对话，是通过与自身的相遇和对话来实现的。学习就是这三个维度的对话的实践，学习是与对象世界的对话、与他人的对话、与自己的对话这三种对话实践综合的产物。因此，学习是否能够丰富地展开，就要看学习是否是以对话的形式来实现的。[①]

具体来说，对话体现在阅读、思考与交流上。课堂上教师要重视学生阅读教材，与教材对话；要重视学生的个人思考，与自己对话；要重视师生交流，与他人对话。这样的对话，也是一种理性的参与。在阅读、思考、交流中，自学、互学与帮学。对话育人，培养了学生的自主学习力、独立思考力、合作共享力。

机智育人。犹记得一次听课的场景：一位老师叫一位男生回答问题，男生怯怯地答错了，另一位女生站起来回答得很是令人满意。当老师第二次提问时，那位男生又高高地举起了手，而老师很直接地说"你回答不出来，让那位女生来回答"。老师的这句话至今还在我耳旁萦绕。课堂上，我们在干什

① 佐藤学. 教师的挑战：宁静的课堂革命［M］. 钟启泉，译. 上海：华东师范大学出版社，2012：124.

么？为了得到想要的答案，而不惜去伤害一个积极的学生；为了呈现课堂的"完美"，而罔顾一个孩子可贵的尊严。"五多课堂"呼唤爱，没有爱，就难以有机智。马克斯·范梅南说："教育生活是一个不断进行阐释性思考和行动的实践，就是要不断识别对于某个具体的孩子或一群孩子来说什么是好的，什么是不好的、不恰当的。"① 对于学生的问题，我们不能刻意回避，而要从容面对，机智处理。机智育人体现在听、想、说、做上。课堂上，老师要学会倾听学生，学会以儿童视角思考问题，巧妙委婉而又真情地表达，知行合一。如此，机智自然也就来了。在这样的环境下，学生的心智得以健康发展，尊严得以保护，他们阳光、自信、快乐地学习。

育人无时不在、无处不在。以学科学习育人，以教学过程育人，这才是教师该要遵守的基本常识。因为"五多课堂"强调激情育人、机智育人，认为好的课堂是一种生活，追求生活化的对话，所以，课堂呈现激情、机智、幽默、循循善诱、对话的审美特征。

---

① 马克斯·范梅南.教学机智：教育智慧的底蕴［M］.李树英，译.北京：教育科学出版社，2001：81.

第四章

『五多课堂』的实践路径

"五多课堂"源于对中小学课堂的长期实践。"多到学生中去、多让学生提问、多让学生展示、多让学生思考、多让学生讨论"贯穿于整个教学过程。

教学行为

杰罗姆·布鲁纳指出：将一门学科的结构、体系和思考、探索、验证方法教给学生，让学生主动探索与发现。为避免教学中教师教得多、学生学得少，教与学脱节的现象，"五多课堂"主张：少告诉，多发现。

少告诉，是指不要越俎代庖，急着把学习结果告诉学生，而是要有一个帮助学生学的过程。少告诉，拒绝"两不"：不等学生理解只硬塞知识，不等学生思考就讲授方法。少告诉，并不意味着不告诉，当学生实在无法引导时，就要清清楚楚讲解，明明白白告诉。

那么如何做到清清楚楚讲解，明明白白告诉呢？

我们可以借鉴澳大利亚课程专家科林·马什教授的方法[1]：

用逻辑清楚的步骤讲解话题；

把问题在头脑中排演，按照你将运用的顺序和序列；

用直白的语言并避免专业术语；

向学生呈现信息的速度要恰当；

---

[1] 科林·马什. 初任教师手册［M］. 吴刚平，何立群，译. 北京：教育科学出版社，2005：148.

重复难点；

同时运用多种交流方式（如投影仪、幻灯片和口头论述）；

用生动有趣的语调。

其实只要教师想清楚了，用适当的语气语调，借用一些辅助工具，就能告诉清楚。关键是教师自己要知道。

多发现，是指在学习中，多让学生去观察、去辨别、去发现，多到学生中去引导他们自主学习，培养其归纳概括、独立思考等能力。

"五多课堂"是对各学科的教学方法的提炼。比如，在教学中如何体现语文学科的课程性质呢？这就需要教师带领学生去发现语文学习的本体内容。

王尚文在《语文品质谈》里说："关注语文品质，品味作品如何遣词造句、谋篇布局，也就是弄懂其字法、句法、章法。字、句、章相关相连，字法、句法是基础，但也离不开章法，而章法也要靠字句体现出来。"语文教学即要从字法、句法、章法入手，引导学生有所发现，提高其学习语言文字运用的能力。黑格尔在《精神现象学》里说："对于一个表象的分析，就过去所做的那样来说，不外是扬弃它的熟悉形式。将一个表象分解为它的原始因素就是把它还原为它的环节，这些环节至少不具有当前这个表象的形式，而构成着自我的直接财产。"语文教学，在注重言语形式的同时，也要扬弃其形式，从其背后发现、分解、提炼出思想来，还原作者最真实的表达意图。

举个例子："人的正确思想，是从哪里来的？是从天上掉下来的吗？不是。是自己头脑里固有的吗？不是。"对于这样的文本，政治老师一定会讲辩证法，那语文老师该如何教？我认为，我们应该关注的是：这段话为何要用设问句？若不用设问句，改成陈述句"人的正确思想不是从天上掉下来的，也不是自己头脑里固有的"，可以吗？教师要引导学生体会：陈述句的表述方式很直白，而两个设问连用，增强了语势，强调了正确思想的来源，令人印象深刻。

所以，"五多课堂"主张从语言文字的形式着眼，从篇章结构的布局入手，让学生有六大发现，以体现语文教学的学科本体地位。

奥苏伯尔有意义的学习理论指出：

学习材料本身必须有逻辑意义；

学习者必须具备有意义学习的心向；

学习者认知结构中必须具有同化新知识的原有的适当观念。

基于此，为实现学生"多发现"这一教学行为，教师要学会搭一座比较之桥，提供发现的条件。让学生能发现最有效的方式就是比较，朱自清先生说："比较的方法对于了解和欣赏是极有帮助的。"[1]

在"五多课堂"里，我常跟学生说：无比较，无发现。比较无外乎四种情况：文本内部之间的比较，文本增删前后的比较，文本定稿前后的比较，与其他文本的比较。在一定程度上说，学会比较，也是在培养学生的洞察力；没有洞察，何来发现？

一、表达背后的表达

语文教学不能仅仅停留在教学生"写的是什么"的层次上，更要关注"为什么这样写，怎样写"——关注言语表达，这才是语文的根本，也是语文学科跟其他学科根本区别之所在。

叶圣陶说："阅读有时候不止于要了解大意，还要领会那话中的话，字里行间的话——也就是言外之意，不能读得太快，得仔细吟味。这就更需要咬文

① 朱自清.朱自清语文教学经验［M］.北京：教育科学出版社，2007：92.

嚼字的功夫。"[1] 发现表达背后的表达，讲的就是这种功夫。

文字是有生命的，它以自身独特的语调、节奏，充分、适切地实现着言语生命之情感和气韵；藉由文字，我们亦能洞悉作品主人公的灵魂，感受到审美情趣。文字以何种方式去表达，是教师着重要引导学生去发现的。王尚文在《"语文品质"笔记》中举的一例颇有玩味：

打竹板，迈大步，/一来来到了十里铺。/十里铺，十里长，/有一道清清的小溪，/还有不少的柳树，/鸟儿歌唱花儿香。

打竹板，迈大步，/一来来到了十里铺。/十里铺，十里长，/清清的溪水柳成行，/鸟儿唱，花儿香，/真是一片好风光。

两组表达，孰优孰劣，毋庸多言。但细究原因，会发现：快板必须两行成为一对儿，句子挺拔，辙口结实，才能一气呵成。只能这样"表达"，而不能那样"表达"，它的背后便是：独特的表达形式会影响内容的表达、美感的形成。他还特别强调：遣词造句，就好比是营造一个字句的家，家中每一个成员虽然年龄有大小，辈分有高低，职业不相同，脾气不一样，对这个家的贡献也有差别，但都与这个家有一份亲情；缺了这份亲情，就找不到这个家了。[2]

◎ **例说一**

一次听某老师执教《姥姥的剪纸》，其中一段文字，引起了学生的兴趣。有学生问："我从小就听人啧啧赞叹：'你姥姥神了，剪猫像猫，剪虎像虎，剪只母鸡能下蛋，剪只公鸡能打鸣。'"这里为何要写这么多剪？

---

[1]　叶圣陶.叶圣陶语文教育论集［M］.北京：教育科学出版社，2015：40.
[2]　王尚文."语文品质"笔记［J］.中学语文教学，2017（7）.

老师回答说，这是用了夸张手法，表现姥姥剪纸的神。

学生似懂非懂地点点头，眉头紧锁。

老师的解释并没有错，但学生没有真正理解，也是客观事实。我们需要考虑的是：学生为何不能真正理解？那是因为夸张的修辞只是从一个方面突出了姥姥剪纸的神，而为何要写那么多剪，老师并未做解答。

如果当时老师这样引导学生，效果就会大不一样。

当学生提出疑惑时，老师说："请先朗读'你姥姥神了，剪猫像猫'，然后朗读'你姥姥神了，剪猫像猫，剪虎像虎，剪只母鸡能下蛋，剪只公鸡能打鸣'，看看效果有何不同。"

学生自然会发现后面的效果好，因为数量相对多，语气更强烈，很快就明白了：多了几个夸张，更加突出了姥姥剪纸的神。课堂上及时运用比较的方式，发现表达的差异，令人豁然开朗。

◎ **例说二**

《孔雀东南飞》里有关刘兰芝语言描写的句子，其表达也是别有一番味道的：

新妇谓府吏："勿复重纷纭……"

却与小姑别，泪落连珠子。

出门登车去，涕落百余行。

新妇谓府吏："感君区区怀……"

阿女含泪答："兰芝初还时……"

兰芝仰头答："理实如兄言……"

阿女默无声，手巾掩口啼，泪落便如泻。

新妇识马声，蹑履相逢迎。怅然遥相望，知是故人来。举手拍马鞍，嗟叹使心伤。

新妇谓府吏：“何意出此言……”

课堂上，学生展开了对话：

生A：为什么与焦仲卿对话时，刘兰芝没有任何神态描写，只一句“新妇谓府吏”呢？

生B：是的，你看阿女含泪答，兰芝仰头答……

为何唯独跟焦仲卿对话时，刘兰芝没有任何神态描写？——“刘兰芝为何在自己最爱的男人面前有这样令人深思的表现？”这样的表达背后的真正意图又是什么？潘新和说：“每一篇文字都应该弥漫着蒸腾的血气和体温，都是个性生命基因的复制和重组，都打着人生经验、情感和感悟的印记。”[①]

每一篇文字表达的语气、表达的音韵、表达的句式、表达的顺序，都有其独特的含义，文字浸染着生命与人文；语文的每一个家庭成员，都承担着各自的责任和使命。其实，在这样的言语表达中，刘兰芝那种善良、美丽、具有反抗精神、对焦仲卿既爱又恨的形象跃然纸上，给读者留下难忘的印象。文本内部的细微比较，别有洞天。

再比如《昆明的雨》有这样一段描写：

雨季的果子，是杨梅。卖杨梅的都是苗族女孩子，戴一顶小花帽子，穿着扳尖的绣了满帮花的鞋，坐在人家阶石的一角，不时吆唤一声：“卖杨梅——”，声音娇娇的。她们的声音使得昆明雨季的空气更加柔和了。

如何让学生发现其中的妙处呢？不妨将之与初稿对比阅读：

① 潘新和.语文：表现与存在［M］.福州：福建人民出版社，2004：975.

杨梅是雨季的果子。卖杨梅的都是苗族女孩子，戴一顶小花帽子，穿着扳绣花鞋，坐在人家阶石上，声音娇娇的不断吆喝着："卖杨梅——"她们的声音使得昆明雨季的空气更加柔和了。

通过对比阅读，学生议论纷纷起来。

有学生说："'雨季的果子，是杨梅'较'杨梅是雨季的果子'更熨帖，突出'雨季'，跟文章描写的主体才一致。"

有学生说："'穿着扳尖的绣了满帮花的鞋'，描写更细致。"

有学生说："'坐在人家阶石的一角'比'坐在人家阶石上'好，用'一角'点明苗族女孩坐的位置，突出了她的娇羞与知礼节。"

有学生说："'不时吆唤一声'比'不断吆喝着'有时间上的隔断性，吆唤比吆喝更有美感，否则就成吵闹了；'声音娇娇的'后置，强调了娇娇的声音，与雨季的柔和很协调。"

这种咬文嚼字的功夫其实要我们发现表达背后的表达：读出写作意图，读出情感倾向，读出审美趣味。教师善于引导学生发现语言，关注表达，才能培养其思维的深刻性。教学过程中，教师一定要善于以比较的方式让学生有所发现。

二、思路背后的思路

"作者思有路，遵路识斯真。"遵照作者思路去理解文本，会帮助学生规避漫无目的地学。故而叶圣陶一直强调，如果一位老师能够帮学生把文章思路理清楚，他就是一位非常优秀的教师。教学中，教师务必教学生发现思路，还要发现为何有这样的思路——思路背后的思路。

◎ **例说一**

来看一段《师说》的教学对话。

师：自由朗读课文，从课文第 1 自然段当中找出这篇文章的中心论点。

师：老师说三个句子，大家看哪一个句子是这篇文章的论点。第一句：古之学者必有师；第二句：师者，所以传道受业解惑也；第三句：是故无贵无贱，无长无少，道之所存，师之所存也。

生：古之学者必有师。

师：为什么呢？

生：围绕老师展开论述的。

生：是故无贵无贱，无长无少，道之所存，师之所存也。

师：为什么呢？

生：按照择师的原则展开论述的。

……

开课前，教师让学生思考文章中心论点，这样有统摄全课的作用，但这样的教学切入，只能让学生的思维处在一种被动状态，因为教学的思路不等于文本的思路。课堂上学生仅仅在思考文章的中心论点是什么，而不会思考作者为何提出这样的中心论点。教学中，教师一定要带领学生思考作者写作的意图，立足写作意图，给他们提供一个广阔的思考空间。

这是我最近执教《师说》的课堂对话：

生：作者为何要写这篇文章？

师：哪位同学可以来回答？

生：余嘉其能行古道。

师：通读全文，大家想想"古道"指什么？

（学生讨论。）

生：从师之道。

师：韩愈说李蟠"不拘于时"中的"时"指什么呢？请同学们大声朗读第2自然段。

……

教学由学生提问开启，由此引导学生，学生很快就进入文本，努力去还原时代背景，从而思考作者写作的初衷，自然也明白了中心论点。发现思路背后的思路，其实就是指揣摩作者意图，从"作品写给谁看""为何要这样写"的角度深入文本，完成一次心灵旅行。

毫不夸张地说，《师说》执教多次，虽然也注意作者的思路，但以前的课堂几乎都是由自己提问，学生来回答的。这次教学以"五多课堂"理念为指导，由学生去发现，然后自发提问，效果较前更佳。值得注意的是，课堂上培养学生提问的能力，那是多么重要。

同理，由于没有发现思路背后的思路，不少教学与那位教师的《师说》教学同出一辙。请看《六国论》的教学片段：

师：文章的中心论点是什么？

生：六国破灭非兵不利，战不善，弊在赂秦。

师：作者从哪两个分论点进行论证的呢？

生：赂秦而力亏，破灭之道也。

生：不赂者以赂者丧。

师：请同学分别找出论证的方法。

这样的教学，没有思维含量，简单地一问一答，就文章思路谈思路，无法使学生变得聪明。

我们不妨对《六国论》的教学略加调整，效果就截然不一样。

师：文章的中心论点是什么？

生：六国破灭非兵不利，战不善，弊在赂秦。

师：要想中心论点成立，作者需要如何来证明呢？

生：六国都破灭了。

生：他们的破灭不是因为兵器不锋利。

生：也不是因为不会作战。

生：弊在贿赂秦国。赂秦而力亏，破灭之道也。

师：事实上，所有的国家都贿赂了秦国吗？

生：齐国没有赂秦。

师：那如何证明"弊在赂秦"呢？

生：不赂者以赂者丧。

不难看出，只有破解作者的写作思路，让学生基于创作思路进行思考，才能真正理解文本。

◎ 例说二

这是《爱莲说》的选段：

予谓菊，花之隐逸者也；牡丹，花之富贵者也；莲，花之君子者也。噫！菊之爱，陶后鲜有闻。莲之爱，同予者何人？牡丹之爱，宜乎众矣！

如果缺少"少告诉，多发现"的意识，很多老师等不及学生思考就直接告诉学生文本思路安排的原因，如此，学生难以深层次理解作者意图，极不利于独立思考能力的培养。

这是我执教《爱莲说》的课堂对话：

师："牡丹之爱，宜乎众矣"调至"莲之爱，同予者何人"之前，可以吗？

生：可以，因为前面的顺序就是菊、牡丹、莲，这是作者的写作思路。

师：那为何把"牡丹之爱，宜乎众矣"放在文末呢？

（学生一片沉默。）

师：说，是一种什么文体呢？

生：杂文，有批判现实的作用。

师：请仔细想想这两句话表达的情感。

生："莲之爱，同予者何人？"用的反问手法，慨叹当时与自己志同道合的人少，能做到品行高洁的人少。

生："牡丹之爱，宜乎众矣！"放在最后，突出趋炎附势的人多，有批判的意味。

发现思路背后的思路，重在启发学生思维，使之自主进入文本，懂得为何这样写。从思路安排的原因思考问题，学生对文本的理解才会深，教学效果才会好。教师在此过程中要做到心中有数：学生为何困惑？何以困惑？唯有如此，才能帮助学生发现文字背后的堂奥。

三、文字背后的审美

王尚文说："文学教育的宗旨主要不在于教学生读多少文学作品，而在于培养学生对文学的正确态度和鉴赏文学的能力，即通过语文课程的文学教育让学生走进文学的世界，让文学走进学生的心灵。不断凸显审美客体的教学价值，将隐含在审美客体中的价值具体化，以发现和实现其中真正的美，实现有效的审美沟通。"语文课是审美的课，发现教学中不同姿态审美者的相互促进和补充有助于发现美的规律，更有利于提高学习者的审美力，提升教学的境界。童庆炳说："语言是文学存在的家园；语言自身具有生成新的意义的能力，词、词的组接，不单是为了传达信息，它们还可能具有审美意义。作者为什么这样选择和安排词句，而不是那样选择和安排词句，这是因为言语的运用是与作家的艺术直觉同一的。"语言的本身就含有审美意义。

◎ **例说一**

执教《氓》时，以文言虚词"矣"为切入点，让学生积极发现。

三岁为妇，靡室劳矣。夙兴夜寐，靡有朝矣。言既遂矣，至于暴矣。兄弟不知，咥其笑矣。静言思之，躬自悼矣。

三岁为妇，靡室劳。夙兴夜寐，靡有朝。言既遂，至于暴。兄弟不知，咥其笑。静言思之，躬自悼。

通过比较，学生们发现：这里的"劳、朝、笑、悼"都是押韵的，那么为什么还用"矣"来结尾呢？难道我们古人为文都是随意写之，随意押韵吗？

有了这样的疑问，语言审美便真正开始了。学生们分别诵读这两段诗后发现，前者声音低沉、情感压抑；后者声音激昂、情感奔泻。然后自然就联想到李清照《声声慢》里的句子"冷冷清清，凄凄惨惨戚戚"中以"i"为韵母的字，开口小，声音相对细弱；它们不像以"ao"为韵母的字开口大，声音大。

最后我援引《元和韵谱》里的话"平声者哀而安，上声者厉而举，去声者清而远，入声者直而促"加以点拨启发，学生纷纷认为：其中"劳、朝、笑、悼"四字虽押韵，构筑一种音乐之美，但声调不一，情感表达自然也有异；若皆以"矣"字结尾，女主人公那种压抑、郁闷、无奈、有苦无处可诉的形象立于纸上矣，可谓妙哉。

◎ 例说二

执教《春》时，有学生问："盼望着，盼望着，东风来了，春天的脚步近了"，为何不用一个"盼望着"或者三个"盼望着"，而偏偏要用两个"盼望着"呢？

这样的问题问得太妙了。词语的选择与运用，以适合为美。朱光潜说："一篇文学作品到了手，我第一步就留心它的语文。如果它的这方面有毛病，我对它的情感就冷淡了好些。我并非要求美丽的词藻，存心装饰的文章甚至使我嫌恶。我所要求的是语文的精确妥帖，心里所要说的，与手里所写出来的完全一致，不含糊，也不夸张，最适当字句安排在最适当的位置。那一句话，只有那一个说法，稍加增减更动，便不是那么一回事儿。"[①] 不妨增删"盼望着"让学生比较着读读：

盼望着，东风来了，春天的脚步近了。

盼望着，盼望着，盼望着，东风来了，春天的脚步近了。

读后不难发现，一个"盼望着"，对春天期待的感情不到位；三个"盼望着"，对春天的期待之情过于激烈，跟后面的描写情趣极不协调；并且，只有用两个"盼望着"才与后面的"东风来了，春天的脚步近了"音节和谐，形成音乐的节奏之美。

① 朱光潜.读写指要［M］.上海：上海文艺出版社，2019：69.

四、文字背后的生命

童庆炳说："文学性的第一要素就是生命力；死的作品是不会成功的，唯有呼吸着生命气息的活的作品才能成为真正的艺术品。"一段文字，其实就是一段生命。语文教学离不开对语言文字的咀嚼和品味，离不开对文字背后热腾腾生命的发现。

◎例说一

先来探讨《廉颇蔺相如列传》中一个有趣的问题：

"相如因持璧却立，倚柱，怒发上冲冠……"
……
"于是相如前进缶，因跪请秦王。秦王不肯击缶。"

这两句话中的两处细节值得玩味：在进献和氏璧时相如为何"却立"？渑池会的时候为何"前进"？仔细揣摩后，不难发现"却立"是为了寻找保护自己的地方，不让秦王手下有机可乘；"前进"是为了接近秦王，为恐吓秦王铺张。一"退"一"进"，那种不畏死的精神与蔺相如的智勇，跃然纸上矣。按照这样的方式去引导学生，学生对文字的敏感性将会日益加深。

然后再看看廉颇的言辞，也是值得玩味的：

廉颇曰："我为赵将，有攻城野战之大功，而蔺相如徒以口舌为劳，而位居我上。且相如素贱人，吾羞，不忍为之下！"宣言曰："我见相如，必辱之。"

品读之时，要引导学生去发现语言的特点，廉颇说话时最大的特点就是"我"用得多，而蔺相如非也。廉颇为何要说"我"呢？"我"跟"吾"从听觉上来说，"我"显得粗狂些，更有自我的意味，如"自古圣贤多贫贱，何况我辈孤且直""安能摧眉折腰事权贵，使我不得开心颜""他年我若为青帝，报与桃花一处开""我劝天公重抖擞，不拘一格降人才""我自横刀向天笑，去留肝胆两昆仑"等。廉颇的"我"正是炫耀自己战功赫赫、目空一切的表现；骨子里流露出来的自大精神，就不言而喻了。蔺相如在秦王和廉颇面前的表现，不正是司马迁的生死观、世界观的体现吗？

不少课堂在分析人物形象时，习惯于贴标签式的告诉，而忽略了于细微处见精神的发现。

◎**例说二**

发现文字背后的生命，诵读是一种常用方式。清朝桐城派大师姚鼐说"大抵学古文者，必要放声疾读，又缓读，只久之自悟；若但能默看，即终身作外行也"，黎锦熙曾一度提倡国语的诵读教学。诵读，需要"沉潜讽咏，玩味义理，咀嚼滋味"（朱熹语），倾听自己或另一读者以物化的语音形态表现文本言语，它是语文教学最传统、最基本的教学方法。诵读时，对于写在纸上死的语言可以从声音里得其意味，变成活的语气，从而更好地感知鲜活的生命形象。

比方教学《雷雨》时，如何体验侍萍复杂的内心情感呢？以下面一段文字为例：

鲁　（大哭起来）哦，这真是一群强盗！（走至萍前，抽咽）你是萍，——凭，——凭什么打我的儿子？

萍　你是谁？

鲁　我是你的——你打的这个人的妈。

从侍萍语言变化上看："萍"与"凭"同音，"你的"与"你打的这个人的妈"替换。基于此，任何理性的分析都无法跟诵读相比，我们要让学生通过声音去展现侍萍的内心世界。"萍"轻读还是重读？"凭"用什么语气？"你的"用升调还是降调？"你打的这个人的妈"逻辑重音在哪里？唯有声音才能表现这种矛盾、痛苦的心情。

再比方教学《边城》时，如何引导学生去感受边城淳朴的民风呢？我们还是从品味语言文字出发。例如文中这样一段喊话：

"翠翠，翠翠，帮我拉着那个卖皮纸的小伙子，不许他走！"

可以引导学生思考：此段话为何要连用两个"翠翠"呢？外祖父是怎样的一个形象呢？我们不妨让学生以外祖父的口吻来朗读，"翠翠"应该如何读？读一个"翠翠"与读两个"翠翠"有何不同？"不许他走"如何读？是高兴还是激动？是急促还是缓慢？通过朗读的语气、语调、节奏，学生自然就走进了外祖父的内心。这些言语只能从淳朴的外祖父的心中流淌出来，而不是那些视财如命的摆渡人能说得出来的，这不正是沈从文要表现的"优美、健康而又不悖乎人性的人生形式"吗？按这样的方式去品读文字，课堂上学生思维一定是活跃的，因为每个学生心中的外祖父不一样，但是通过朗读的碰撞，学生会达成一种共识，因为翠翠的外祖父始终是淳朴、善良的外祖父，这一点是无法改变的。在之后的课堂中当我一提起《边城》时，学生不由自主地大喊几声"翠翠，翠翠"，大概"翠翠"的个性生命已经融入到学生的情感里了。

五、文字背后的技法

朱自清说："古人作一篇文章，他是有了浓厚的感情，发自他的胸腑，才用文字表现出来的。在文字里隐藏着他的灵魂，使人读了能够与作者共感共鸣。"①

在文学作品中，作家为什么这样选择和安排词句，而不是那样选择和安排词句，这是因为言语的运用是与作家表达的情感同一的；在阅读时，学习作者的表达技法，不仅可以感受到作者的情感，也可以提高自己写作的技法。

◎例说一

一次教学《苏武列传》，当引导学生读至"幸蒙大恩，赐号称王，拥众数万，马畜弥山，富贵如此"时，学生就提出了疑问："为何这里的句子如此整齐呢？"因为前文没出现过如此整齐的语句。于是我继续让学生反复品读，最后学生总结道："这样的语句恰到好处地体现了卫律狂妄自大、炫耀自己、不知廉耻的丑恶嘴脸。"为何这样的句子能够传达出这样的情感？因为这里用的是短句且字数相同，铺陈了卫律变节后得到的赏赐，而这些赏赐恰恰是苏武所不齿的。其实，铺陈是古诗文常用的手法，譬如《孔雀东南飞》中"十三能织素，十四学裁衣，十五弹箜篌，十六诵诗书。十七为君妇，心中常苦悲"的系列铺陈，正是刘兰芝幽怨的独白。

又如执教《包身工》时，笔者发现下面一段文字值得玩味：

也许是她要介绍一种更合理的惩戒方法，走近身来，揪住小福子的耳朵，将她扯到太平龙头前面，叫她向着墙壁立着；拿莫温跟着过来，很懂得东洋婆的意思似的，拿起一个丢在地上的皮带盘心子，不怀好意地叫她顶在头上。……

课堂上我让学生反复品读该段文字，要求他们能发现疑惑处。最后学生提出这样一个问题："在描写东洋婆子时连用'走''揪''扯''叫'等动词，

①　朱自清.朱自清语文教学经验［M］.北京：教育科学出版社，2007：186.

而描写拿莫温的动作行为时，却用了修饰语'很懂得东洋婆的意思似的''不怀好意地'，这是为何呢？"

于是我相机而动让学生再次品读文字，体验文字蕴含的情感。学生经过一番激烈的探究后认为，几个动词连用，动作毫不犹豫且极其连贯，表明打人已成习惯，形象地刻画出东洋婆凶狠残暴的一面；写拿莫温，用了修饰语，暗指他狐假虎威，生动地描写出一副卑躬屈膝的奴才嘴脸。这样的遣词技法，更好地表达了作者对东洋婆及拿莫温的愤懑和对小福子的同情。

◎例说二

发现文字背后的技法，需要发现文字隐含的信息。对于隐蔽的文本，得有发现其隐含的信息的勇气与智慧；发现隐含信息，需要厘清关系，辩证思考。

如《烛之武退秦师》中第一段：

> 晋侯、秦伯围郑，以其无礼于晋，且贰于楚也。晋军函陵，秦军氾南。

教学中必须带学生研读，发现隐含信息。晋侯、秦伯围郑，是因为郑"无礼于晋，且贰于楚"，但跟秦无利益之关。恰恰是这一信息，为烛之武成功退秦师埋下伏笔。如果开头不交代此暗含的前提背景，那么后面的烛之武的劝说也是无力的。"晋军函陵，秦军氾南"，说明形式非常急迫，为下文"夜缒而出"埋下伏笔。

文中第二段的描写也值得玩味：

> 辞曰："臣之壮也，犹不如人；今老矣，无能为也已。"公曰："吾不能早用子，今急而求子，是寡人之过也。然郑亡，子亦有不利焉！"许之。

烛之武非圣人，他也是有个人情绪的普通人，但这样的人在国家利益面前并不含糊，人物形象更为真实。

《普通高中语文课程标准》（2017 年版）指出："进一步提高记叙、说明、描写、议论、抒情等基本表达能力，并努力学习综合运用多种表达方式。能调动自己的语言积累，推敲、锤炼语言，表达力求准确、鲜明、生动。"课堂上，教师一定要诱导学生从言语的细微处发现精妙点，引导学生从言语的背后学习作者遣词造句的技法，养成科学的阅读和写作习惯。

六、文本背后的价值

文本都有其教学价值，文本背后的价值是确定教学内容的前提。不同体裁的文本有其不同的价值，相同体裁的文本也有其不同的价值。阅读教学如此，作文教学亦如是。

◎ **例说一**

有老师在《阿房宫赋》的课堂上，要求学生仿写：

用排比、夸张、比喻仿写河曲夜景；
用排比、夸张、比喻仿写球场进球的场景。

这样的仿写设计跟我们的课文关系有多大呢？此位老师想培养学生利用排比、夸张、比喻的形式来写作，从这点上讲是合理的，但是从文学作品的本位价值上讲是有偏移的。我们讲文以载道，载的是什么道？难道讲的是河景图？抑或讲的是球员进一个球？这是值得商榷与深思的。

针对语文课到底如何教的问题，吕叔湘提出三个字：少而精。如何做到少而精呢？在我看来，关键在于把握运用语文教育的规律：写了什么？怎么写的？为何这样写？我也来写写。对于文本的价值，教师当引导学生有此层面的思考。我姑且将之命名为"语文的四层境界"。所以，执教《阿房宫赋》时，我们首先要思考它的文本价值在什么地方。《阿房宫赋》是天下第一赋，赋，"铺采摛文，体物写志"（怎么写的），杜牧写这篇文章的意图是：借古讽今（为何这样写）。那么，这篇文章的文本价值定位，应该在什么地方？一个是语言学习的运用（提高语文技能——侧重工具性），一个是思想上的认识（提升思想认识——侧重人文性）。

故而，"我也来写写"的主题应该是切合文本的，但不能因为写而冲淡了课堂的氛围。

◎例说二

我在执教作文课《在情境中细描人物》时，将原创散文《故乡》作为范文，让学生去发现文本背后的价值。

故 乡

故乡，在大山一处偏僻的角落。那里有吆喝牛儿的嬉笑，有逃学路上掏鸟窝面红耳赤的争吵，也有被父母责罚的委屈……悲与欢、喜与愁，夹杂着人生的种种情感与体验。

忘不了村前那棵古树，每逢炎炎夏日，村里的老大爷们光着身膀子，有说有笑，谈古话今，我们津津有味地听着他们讲述的传奇故事。古树四季常青、蓊蓊郁郁，晚上猫头鹰经常栖息此处，偶尔发出几声尖叫，村里长辈们说，猫头鹰一叫就会有老人去世，所以我们非常害怕这叫声。据说"大跃进"时期，村里人没粮食吃，靠它的果实挨过了荒年。它的枝条直耸云霄，树干有一米左右粗细，颇有大丈夫的风骨。

故乡的村落其实就是一座大院，有两重大门，也许当时应是大户人家吧。

堂前屋后，种植着竹子和葡萄，明月半墙，微风一过，还真姗姗可爱的。不觉间想起余光中那首催人泪下的《乡愁》。"乡愁是一方矮矮的坟墓／我在外头／母亲在里头"。每次回家，听闻村里的爷爷奶奶一辈都相继撒手人寰，不禁悲从中来。

对故乡的怀念，最让我惦记的还是我的祖母，她是村里唯一健在的老者，她见证着故乡的点点变迁，那份苍凉与辛酸又有几人能知晓呢？

三十年了，自我懂事起只要一回家，我就习惯在老屋前大喊两声："奶奶，奶奶，我回来了。"然后奶奶就会眯笑着眼睛蹒跚地从房里出来迎接我。前几日，我回故乡一趟，因为祖母老埋怨说我舍不得带孩子回家让她看一看。一到老屋前，我照常还是大喊两声："奶奶，奶奶，我回来了。""嗯！"奶奶习惯地回答我，可这次，她没出来迎接我。我来到厨房，她用手撑着双腿正想站起来，她的背比去年更驼，看见我仍是眯笑着眼睛："宝宝，你回来啦！"她的声音大不如从前的圆润，眼神也不太好使，我的眼睛突然就湿润了。祖母急匆匆地要抱她的曾孙，她伛偻着身子，可怎能抱得动她的曾孙呢？于是她就去亲曾孙的小脸蛋，孩子没见过曾祖母，自然怕她，忙把身子缩回来，可祖母拉着孩子的小手亲个不停，孩子害怕得大哭大嚷，她却乐呵呵的。

"年年岁岁花相似，岁岁年年人不同"，似乎在此刻更能勾起我的伤怀。如今祖母的白发一日比一日多了起来，故乡的路还是那条坑坑洼洼的小泥路，仅多了几蓬杂草而已，门前的那棵古树，几年前被雷电劈死，仍孤零零地挺立在那儿。

我走了，天灰沉沉的要下雨，祖母央求送我，我未答应。行至不远处，我用相机拍下了故乡村落的全貌，祖母或许正偷偷地目送着我，故乡的景色一定少不了她的。

故乡啊，一半是童年，一半是思念。

（《中国散文家》2010年第2期）

"五多课堂"遵循立足课堂育人的审美原则，文学乃人学，作文课上更应注重人的培养。所以，教学中，我着重引导学生从真人、真事、真情上去思考问题，以培养其健康的写作观及人生观。

师：读完了，请问哪些地方最打动你？

生："她佝偻着身子，可怎能抱得动她的曾孙呢？"

师：为什么？

生：因为她很想抱她的曾孙，但是却抱不动他。

师：这是细节描写当中所说的——动作描写。还有吗？

生：还有一句就是："我来到厨房，她用手撑着双腿正想站起来，她的背比去年更驼，看见我仍是眯笑着眼睛……"

师：说说令你感动的原因是什么。

生：令我感动的原因是，他前面先写了同样的事情，与前面形成了对比。

师：刚才这位男生谈了谈他的感受，请位女生来谈谈感受？咱们课代表是谁？你来吧。

生：我觉得让我最感动的话是倒数第二段的一句话："行至不远处，我用相机拍下了故乡村落的全貌，祖母或许正偷偷地目送着我，故乡的景色一定少不了她的。"

师：为什么感动？

生：因为作者很少回去，他的奶奶很想送他，可是送不了，只能目送他。

师：我刚才看见这位女生，眼睛红红的。这段话其实也触动了我的心，这里也是我感动的地方。请坐下。还有谁来谈一谈自己的感受吗？

生："她的声音大不如从前的圆润，眼神也不太好使，我的眼睛突然就湿润了。"

师：为什么打动你？

生：运用了细节描写，描绘了声音的变化，还有眼神。

师：运用了细节描写，描绘了声音和眼神的变化，所以打动你。还有吗？

生："我走了，天灰沉沉的要下雨，祖母央求送我，我未答应。"

师：为什么能打动你？

生：因为送他的时候看出了她的舍不得。

师：同学们刚才都说了，感动的地方都用了细节描写。你想不想听作者来谈一谈他的创作感受呢？

生：想。

师：作者就在教室里边。

（生惊喜。）

师：那个人就是我，这篇文章是我写的。这是我的故乡（出示图片），那个土房就是我生活的地方，如今这座房子已经没有人住了，我的奶奶走了，我的父亲也走了。时过境迁，当我读到这篇文章时，想起曾经的故事，心中有万般痛苦，我想跟同学们说的是：这篇文章为什么能打动别人？因为我写的是真人，记的是真事，抒的是真情。这是我和奶奶的合影（出示合照），有时我都不敢多看，看了之后我的眼泪就会流下来。

从现场教学的效果来看，学生被深深感动了，文本的价值得以充分体现。从作文教学的方法上来看，写真人、记真事、抒真情不一定感人，还必须在会写真人、会记真事、会抒真情上下功夫。于是，师生在"会"上，展开了对话。

师：奶奶如何称呼作者？

生：宝宝。

师：作者多大了？

生：三十多。

师：你们见过一个三十多岁的成年男人被别人叫作宝宝的吗？通过这个称呼可以感觉到什么？

生：爱。

师：我们重点是写年龄，还是写奶奶的称呼？

生：称呼。

师：奶奶的称呼是什么？

生：宝宝。

师：如何称呼的？怎么称呼宝宝的？

生：眯笑着眼睛。

师：奶奶又是怎样的一种状况啊？

生：用双腿……

师：用双腿怎么样？用一个字。

生：撑。

师：还有什么？

生：背。

师：比去年怎么样？

生：更驼。

师：同学们，见到一个连说话都没有力气、站立都有困难的奶奶，眯笑着眼睛的时候——让我们再把这段话读一遍，"我来到厨房"，预备起。

（生齐读。）

师：写对自己的称呼，这是一种细节描写，除了"宝宝"这一句话特别感人，还写了奶奶怎样一种状态？写了她的动作、外貌、神态。同学们，写出这样不协调的情节才感人，而不是随便写奶奶背驼了，那不感人。

师：请找出第二处不协调的地方。

生：抱不动曾孙子。

师：写抱不动，还是写她抱？

生：抱。

师：写她抱却抱不动才感人，怎么抱的？

生：她佝偻着身子、急匆匆、亲。

师：能不能找出第三处不协调的地方？

生：她将孩子亲个不停，孩子却害怕得大哭大嚷。

师：我有一个疑问，那到底是写奶奶亲，还是写曾孙不让亲呢？

生：写亲。

师：如果曾孙让她亲，感不感人啊？

生：不感人。

师：为什么？

生：这很正常。

师：这老太太似乎很讨人嫌，曾孙不让她亲，她却亲，但恰恰在不让她亲当中突显出什么？

生：奶奶的爱。

师：那么如何来写奶奶亲的呢？

生：拉着孩子的手，亲。

师：亲了之后，她怎么样？

生：乐呵呵的。

师：这里一定要写一个对比。曾孙不让亲，孩子是怎样的？有一个词——

生：害怕。

师：还有？

生：缩。

师：奶奶的"乐呵呵"和曾孙的"大哭大嚷"形成了鲜明的对比，奶奶的爱就在这样的情节之中表现出来。要在不协调的情况之下，冲突的情况之下，矛盾的情景之中，描写人物的语言、动作、神态、心理。

　　此段教学，重在引导学生发现：要在具体的情境中去描写人物细节，这种情境往往是不协调的。不过遗憾的是，最后的发现未能让学生去提炼，去总结。作文的方法不是教师教出来的，而是学生自己发现的。"少告诉，多发现"，最难处在于：由于教师习惯了告诉，行百里者半九十，关键一步未等学生冷静思考就匆忙告知了。

"五多课堂"要求教师引导学生去发现文本背后的价值，使其发现语文的奥妙新理，走向学习的大海，以实现"教是为了不教"之目的。

行文至此，我想对广大教师朋友们说：大江东去，浪淘尽千古风流人物；语文单独设科以降，百有余年矣，如今，流派之众，名师之多，前所未有；而语文之本、教学之法，徒"发现"二字耳。

教学路径

提及课堂，绕不开的话题必有大家关心的教学环节。教学环节是指教学活动中有机组成的教学部分。我们的语文课堂，几乎皆有类似的环节：

1. 字词教学；

2. 作者简介；

3. 背景介绍；

4. 划分段落；

5. 概括中心思想；

6. 归纳写作特点。

学生习惯了这样的教学环节，教师也熟练了这样的教学流程。教学仿佛流水线，师生在机械地完成任务。这样的环节，无视学情，素养高的教师要么把他们知道的全教给学生——教得很全面，要么把他们研究的深教给学生——教得很深刻；素养欠缺的，来不及自己消化，只好把教参上的一股脑儿地都抛给学生——教得很被动。师生只不过共同完成了一场教案的演出而已。这样的课堂，是固定的课堂：学生无异乎被灌输，他们的思维被固化，教师或精彩或顺利或艰难地完成自己的预设罢了。归根结底，这样的课堂，教师眼里几乎没有学生，他们装着的是一套套流程。对于流程，有人操作不熟，有人应付自如，后者往往被冠以"名师"的封号，引得前者争相仿效。

好的课堂，一定是"目中有人"（于漪语）的，它绝不异化为固定僵化的教案，而是一种自由移动的课堂：有实现的路径，无固定的环节；一切跟着学生走，时刻帮着学生学。

"五多课堂"是基于学生问题展开的课堂，由于学生问题不一，教学就不能循规蹈矩、墨守成规，需突破常规、打破预设，要相机而动、顺势而为。故而，它是移动的。怀特海说："在教育的任何阶段，都不能没有训练——或没有自由；但是在浪漫阶段，重点必须放在自由方面，允许儿童自己观察，自己行动。"学生的学当在自由状态下进行，"五多课堂"创设的就是这样的自由环境。

既然"五多课堂"是一种自由移动的课堂，会不会导致课堂杂乱无章、教学目标游离呢？实践证明，这种担心是多余的。因为解决学生的问题就是最大的目标，跟着学生走，帮着学生学，本身就是一种有序的状态。当然，为了更好地实现教学目标，我们总结出一条教学路径：问题激活—学生发现—形成思考—学生归纳。

一、问题激活

有效的教学通常是由学生的问题开启的。教学中一定要善于发现学生的问题，用学生的问题激活课堂，构建以问题为核心的教学磁场。如何发现问题？这需要教师多到学生中去，去倾听、观察，让学生多展示暴露问题，让学生多提问表达疑惑。

当学生展示暴露问题后，让学生多思考分析问题，让学生多讨论解决问题。当学生提出问题后，教师该如何办？

一节课如果都是学生的提问，课堂就成"答学生问"了，从心理学角度来讲，学生就会疲于听讲；从教学活动来说，这显得太过单调。一节课到底解决多少问题为好呢？一切取决于学情。我的建议是：每一个学习小组提出一到两个问题，一节课解决六七个问题比较适中。

问题激活的另外一种方式就是任务驱动：设置真实或模拟的教学情境，以任务驱动的方式开展专题学习。

比如执教《最后一次讲演》，可以根据学生的问题以这样的情境教学：

微电影《闻一多》剧组要你扮演闻一多出演《最后一次讲演》，请你模拟演讲。具体要求如下：

1. 分六个小组，每个小组推选一名演员模拟其中一段演讲。

2. 认真研读全文后，再集中探讨模拟演讲的那一段。

3. 其余的同学做群众演员。

4. 学生代表模拟演讲后请同学点评。

5. 请各小组归纳总结演讲需要注意的事项。

以任务激活学生，需要学生在具体情境中以语文的方式解决问题，旨在构建学生的语文核心素养，让其素养在运用中提高，在提高中运用。

当然，有时候可将问题与任务交融在一起展开教学。

比如执教《出塞》，可以这样设计：

班级要开展微视频《出塞》的拍摄，如果请你担任导演，你会如何拍摄？

1. 拍摄前，如果你有困惑请说出来，让大家一起解决。

2. 看看以下这些提示能否帮到你：

（1）你会在哪里选景？需要哪些背景？

（2）需要哪些演员呢？

（3）如果需要台词，你会选用哪两句？

（4）一定要考虑到微视频的整体效果，想好表达什么样的主题。

总之，再好的任务驱动都宜建立在学生问题之上，离开了学生的实际需要，教学就失去了真实的意义。当然，学生主观上以为的不需要并不意味着他们实际上的不需要，教师当以专业眼光去科学判断。

二、学生发现

学生有了问题，就让学生去发现原因，当然，教师首先要解放自己，懂得把学习的主动权归还给学生，最终让学生自主驾驭整个学习过程。在"教学行为"一节中，对于如何去发现已做详细讲解，在此不再赘述。

三、形成思考

教学中学生提出问题，发现问题的原因后，要积极思考，寻求解决问题的方法。《普通高中语文课程标准》（2017 年版）指出，要"能够辨识、分析、比较、归纳和概括基本的语言现象和文学现象，并能有理有据地表达自己的观点和阐述自己的发现"，整个过程就是不断形成思考的过程。不过此时的思考，是零散的，感性的，个别的。

四、学生归纳

学生形成思考之后，教师切忌代替学生去概括。正确的方式应该是让学生去梳理，去概括，去总结，最后实现教学的进步：零散上升到整体，感性上升到理性，个别上升到普遍。如果学生实在无法归纳，教师才去帮一帮。

"问题激活—学生发现—形成思考—学生归纳"是围绕学生问题而展开的教学："问题激活"提出问题，"学生发现—形成思考"分析问题，"学生归纳"解决问题。课堂里，学生时而提问，时而展示，时而思考，时而讨论，教师置身于学生中；其间有跌宕起伏的惊险，有柳暗花明的惊喜，师生融合，和谐共生。可以这样说，教师要有学者的追求（不断提升专业素养），学生的视角（根据人本主义取向，把自己当作学生），才能达到"近乎技矣……为之四顾，为之踌躇满志"（庄子《庖丁解牛》）的境界。

　　从实践层面上说，"问题激活"的处理是最关键的，它起到提纲挈领、牵一发而动全身的作用。教学中，教师要善于锻造一条问题的链条：舍弃非语文问题，提升问题的质量，抓住核心的问题，安排问题的顺序。

◎ **例说一**

　　一次执教《杨氏之子》，学生问了三个问题：

　　父亲去哪儿了？

　　父亲为何不在？

　　为何写父亲不在？

　　当学生提完问题后，教师就把问题抛给学生吗？不是。教师需要自己去发现问题，对问题进行整合加工。这体现出教的重要性，只有这样的教才能切合学生的学。

　　"父亲去哪儿了"，这明显是一个非语文问题，但教师不能直接说"这个问题不是语文问题，我们不在课堂上讨论"，否则就伤了学生的自尊。也许有教师问，是不是要让学生去讨论，再舍弃这个非语文问题呢？没有必要。教师只要机智地处理即可。"五多课堂"把育人放在第一位。教师务必在保护学生自尊的基础上委婉地表达：

　　这位学生很有创造力与想象力，"父亲去哪儿了"跟文章后面的情节有没有

关系呢？等我们思考了另外两个问题后，这个问题自然就得以解决了。如果这位同学有兴趣，课后补写一段"父亲去哪儿了"的文字哦。

学生在阅读的基础上才去提问的，所以他们很快就会判断出这个问题是否必要。机智育人，是"五多课堂"教学审美的重要内容，机智无处不在；没有了机智，课堂会少很多美。

"父亲为何不在"是一个有意思的问题，但质量不高，而第三个问题"为何写父亲不在"恰恰提升了问题的质量。对于学生的问题，一定要有反馈，只要教师稍加点拨：

"父亲为何不在"，原因可能有千万种，如果我们站在"为何写父亲不在"这个角度来思考，大家有没有新的发现呢？

三个问题，只留下一个问题，而这个问题问得相当妙：学生自己发现的问题，有时是教师意料不到的。

◎ **例说二**

有时学生问题挺多的，并且质量也较高，这就需要教师抓住核心问题，巧妙地安排顺序，一一解答。

一次，我执教《天上的街市》，学生连续问了九个问题：

1."流星"不是应该用"颗"形容吗，为什么用"朵"？

2."街市"为什么会在"天上"？

3.作者为什么要写天上的街市？

4.作者写这首诗歌的时候是什么样的感情？

5.为什么他们在天街闲游？

6. 这首诗歌提到的牛郎织女在天街闲游，为什么和我们所听、所说的牛郎织女的神话故事的结局不同？

7. 这首诗在什么样的背景之下写的？

8. 为什么"街市"上陈列的物品是世上没有的珍奇？

9. 作者想通过这首诗表达什么意思？

学生的问题归纳起来大致分为两类：作者写了什么？为什么要这样写？

首先看"写了什么"：

4. 作者写这首诗歌的时候是什么样的感情？

9. 作者想通过这首诗表达什么意思？

接下来看"为什么要这样写"：

1. "流星"不是应该用"颗"形容吗，为什么用"朵"？

2. "街市"为什么会在"天上"？

3. 作者为什么要写天上的街市？

5. 为什么他们在天街闲游？

6. 这首诗歌提到的牛郎织女在天街闲游，为什么和我们所听、所说的牛郎织女的神话故事的结局不同？

7. 这首诗在什么样的背景之下写的？

8. 为什么"街市"上陈列的物品是世上没有的珍奇？

实际上，这些问题可以简化为两个问题：第一个问题与第六个问题。除了第一个问题，剩余的几个问题中最核心的问题是第六个问题，解决了这个问题，其他问题也迎刃而解了。

传统的课堂，一般由教师发问：牛郎织女的故事跟神话故事里的结局为何不一样？请同学们思考。"五多课堂"要学生提问，学生恰恰从不同的角度告诉了教师各自不同的疑惑。这些疑惑，亟待解答。那么如何安排问题的顺序呢？一言以蔽之：跟着课文走，发现作者是怎么写的。因为学生的问题来源于课文。

于是我先破解第一个问题。

师：第一个问题，为什么不是"那颗流星"，而是"那朵流星"？老师来朗读，"不信，请看那颗流星，是他们提着灯笼在走"，"不信，请看那朵流星，是他们提着灯笼在走"，比较一下，哪一个感觉好一些？

生：那朵。

【教学解读：通过"朵"与"颗"的对比朗读，让同学们从听觉上去感受，去发现不同。学生也感知到了"朵"比"颗"的确要好。不过值得注意的是：如果让学生自己去展示读，让学生自己去发现，效果会更好。这也提醒了我：不要急着去引导，慢慢来，让学生全方位体验。】

师：文字是有生命的。"一颗流星"就是"一颗流星"，那为什么是"一朵"呢？什么手法？诗歌的语言有时候是不太正常的，好的语言往往不太"正常"。（笑声）

【教学解读：老师站在理性的角度，不妨以幽默的方式去引导学生，让学生形成思考。】

师：其实我们好好琢磨下就明白了。什么用"朵"形容？

生：花。

师：流星就像什么？

生：花一样。

师：流星像花一样——

生：漂亮、美丽。

师：对，像花一样盛开着、美丽着。我们一起来读一下。"不信，请看——"

生："那朵流星"。

师："是他们——"

生："提着灯笼在走"。

师："他们"是谁？

生：牛郎织女。

【教学解读：学生在感性与理性的交融中，渐悟"朵"的妙处，如果让学生用语言去归纳一下就更好了：一则训练概括力，二则训练表达力。课后，我也自我反思过：慢慢走啊，让学生去归纳。】

接下来解答第六个问题，遵循的原则是"少告诉，多发现"。

师：我们现在解决第六个问题。有没有同学来解决？我们再来读一下，你看——

生："那浅浅的天河"。

师：天河是浅浅的，还是宽宽的？

生：浅浅的。

师：从我们所学过的知识看，天河是浅浅的还是宽宽的？

生：宽宽的。

师：而这里是——

生：浅浅的。

师：所以我们在读的时候应该怎样？"你看那——"

生：（小声朗读）"浅浅的"天河。

（老师擦掉"浅浅的"。）

师："浅浅的天河，定然是不甚宽广"，诗中有几个"定然"？

生：五个。

（教师在黑板上圈出"定然"。）

师：为什么有这么多"定然"呢？"我们班这个男生以后定然很有出息"，
"这个男生以后很有出息"，意思一样吗？

生：不一样。

师：加"定然"后——

生：更加肯定。

【教学解读：要学生有所发现，就必须带学生进入文本，去感受诗情诗味。】

师：对，更加肯定。好，咱们再一起来朗读。我想那怎样的空中——

生："缥缈的"。

师："缥缈的"这个词什么意思？

生：形容隐隐约约、若有若无的样子。

师：那我们在读的时候应该——

生：轻声。

师：对，要读出一种仙境般的感觉。"我想那——"

生："缥缈的空中"。

师：对的，语速慢一点，"我想那——"

生："缥缈的空中"。

师：干什么？

生："定然有美丽的街市"。

（教师擦掉板书，保留"定然"。）

师：街市上有什么东西啊？

生：物品。

师："定然是——"

生："世上没有的珍奇"。

（教师擦掉板书，保留"定然"。）

师：为什么是世上没有的珍奇呢？说明天上的街市上的东西——

生：很珍贵。

【教学解读：顺便解答了第八个问题。】

师：对，东西是最好的。最好的街市上有谁？

生：牛郎织女。

师：牛郎织女在干什么？

生：骑着牛儿来往。

师：神话故事中的牛郎织女是怎样的？

生：隔河相望。

师：隔着河，每年几次相见？

生：一次。

【教学解读：带学生在诗歌里徜徉，回到了第一个问题上来。诗歌教学需要体验与诵读，在老师的指导下去背诵，在背诵中去发现、去思考。】

师：现在呢？

生：天天。

师：对，想见就见！此时，老师想问你们一个问题，你们学过《卖火柴的小女孩》，当划下第一根火柴的时候，小女孩眼前浮现什么？

【教学解读：教学中一定要注意搭桥，通过《卖火柴的小女孩》的故事去类比，让学生有所发现。】

生：火炉。

师：为什么会出现火炉啊？

生：因为她冷。

师：对，因为她冷，所以当她划下第一根火柴的时候，眼前浮现的是火炉。说明小女孩——

生：需要温暖。

师：很好。刚才有同学问这首诗歌的写作背景，这两个问题是一体的。这首诗歌写于什么时候？写于——

生：1982 年。

师：不对，看看注释，书上好像没有。这首诗歌写于上个世纪 20 年代初。上个世纪 20 年代初，中国是怎样一种情况呢？郭沫若同志有一本诗集《女神》。郭沫若何许人也？看注解。

生：原名郭开贞，四川乐山人。

生：代表作品有诗集《女神》《星空》，历史剧《屈原》。

师：对的，他有一首诗叫《上海印象》，其中有一句"满目都是骷髅，满街都是灵枢"（板书），说明当时怎样？

生：黑暗。

【教学解读：趁机解答第七个问题。】

师：对的，黑暗、衰败、腐朽。在这样的背景之下，郭沫若仰望星空，开始——

生：想象。

【教学解读：落实单元目标。】

师：文学创作离不开的一种思维就是想象。看见的牛郎织女每一天都是相见的，表达了一种什么情感？（板书：想象）

生：对美好生活的向往。

师：人民对美好生活的向往是我们的奋斗目标。那么对作者来说，主人公对美好生活的向往是他的追求目标，通过牛郎织女的生活反衬出——

生：当时社会的黑暗。

师：同时表达作者对——

生：美好生活的向往。

【教学解读：第四、九两个问题顺理成章地得以解答。】

……

在这里不得不强调：有时学生的问题不一定问得非常好，在教学中，也要及时补充教师的问题，求得更好的教学效果。

在《天上的街市》一课中，根据第六个问题，我及时补充了新的问题，新的问题再次激活课堂。

师：上次有同学问，天上的街市为什么要写牛郎织女？这个问题比我们同学们问的女郎织女的结局为什么不一样更高明。大家想想看。

（学生展开讨论。）

生：我的想法是，牛郎织女可以代表中国古代人民的美好愿望，他们隔着天河行走，代表了他们的生活非常安定、幸福，表达了诗人对未来美好生活的向往。

师：这位同学的意思是，牛郎织女具有一定的典型性。对，文学是有典型性的，这是一个原因。还有吗？（板书：典型）

【教学解读：学生的归纳是一种经验归纳，而老师要站在学术的角度帮学生归纳。让学生归纳，并不意味着老师什么都不干，而是在学生归纳的基础上高度提炼，更好地实现学生的学。】

生：因为当时的社会非常腐败，牛郎织女则因为王母娘娘而隔河相望，表达了作者对美好生活的向往。

师：我们可以从别的角度来思考。这个问题有点难度，我们可以联系以前学习的诗歌，牛郎织女是人，诗歌《天上的街市》写景，我们可以从这个角度思考。

（学生思考、讨论。）

生：《天上的街市》运用了以乐写哀的手法，牛郎织女可以天天相见，生活幸福安定，而作者身处的那个时代很黑暗、腐朽。

师：这位同学站在艺术创作的角度。说是以乐景写哀情，这是一个不错的角度，很棒。

【教学解读：老师继续帮学生归纳。】

师：还有，老师提醒一下。我们学过马致远的《天净沙·秋思》，我们齐背一下。

（学生背诵：枯藤老树昏鸦……）

师：如果不要"断肠人在天涯"，你觉得这首诗会怎样？

生：不完整。

师：不完整是一方面，还有呢？

生：没有情感。

师：对，没有情感。给大家介绍一个人——朱光潜，中国著名的美学家，说过"我们在描写景物的时候，一定要有人的活动的参与，会让景物描写更加有情味"。我们学过杨万里的《宿新市徐公店》，"篱落疏疏一径深，树头花落未成阴"，好，情味来了，"儿童——"

【教学解读：搭桥，搭桥，再次强调，巧妙地引入美学观点，学生会有醍醐灌顶之感。】

生："儿童急走追黄蝶，飞入菜花无处寻"。

师：有谁的参与？

生：儿童。

师：对的。你看，街市这么美丽，怎么少得了牛郎织女！"不信请看那朵流星——"

生："是他们提着灯笼在走"。

师：天上，美丽的青年男女，手牵着手，提着灯笼"闲游"，什么感觉？

生：悠闲、浪漫、美好、无忧无虑、自由自在。

【教学解读：学生渐入佳境，师生和谐共生。】

"五多课堂"是自由移动的课堂，跟着学生的问题而展开，随着问题的深入而深入。创设自由和谐的教学环境，对教师是一大挑战。只有在自由和谐的氛围里，学生才能发挥积极能动性，才会敢提问、好提问、提好问。不管是"问题激活"，还是"学生发现—形成思考—学生归纳"，都离不开教师的"帮学"。"五多课堂"主张教学合一，在此得以充分体现。

根据学生的问题，教师可以适时扩展，教得全面些；也可以深入探讨，教得深刻些。这就是"有教有类，因类施教"。离开具体学情的全面或深刻，都不是真正的好教学。

有教师会问：是不是教师不需要备课，写教案了？因为你的教学都是跟着学生在走。事实上，"五多课堂"是针对课堂上"教师很少到学生中去，很少让学生提问，很少让学生展示，很少让学生思考，很少让学生讨论"的教学行为而提出来的，它对教师的备课要求更高：教师要以学者的高度解读教材，要以学生的视角提出问题，要预设"N+1"种可能，才能应对学生猝不及防的问题。只有教师想清了，才能帮助学生想得清，这也是孟子所讲的"贤者以其昭昭，使人昭昭"。

学生的问题总结起来无非是"我不懂—我不会欣赏—我不会运用"，但实际教学要根据学生的展示或者提出的问题来判断学情，然后采取相应的教学手段使其或能懂得，或会欣赏，或可运用。

现在不少教师对学习任务群教学有所迷茫，如果以"五多课堂"的实践路径去尝试教学，很多难题也就迎刃而解了。

"五多课堂"追求师生共同进步，学生的问题会促进教师的思考，促进教师对问题的提炼与归纳，促进教师机智面对各种始料未及的疑难与困惑。课堂，成为了师生的修炼场，教学互化，教学相长："学然后知不足，教然后知困。知不足，然后能自反也；知困，然后能自强也。"（《学记》）

教学治理

课堂需要治理，优秀的教师往往是成功的课堂教学治理者。

给大家讲一个真实的故事：

在担任乡村学校第一校长不久的一天，我走过三年级教室，只见教室里学生乱成一团糟，有的在吃零食，有的在睡觉，有的跑到教室后面扔垃圾……当时我以为是自习课，再往讲台上一看，有个成年人站在讲台上，原来有老师在上课，他居然可以如此镇定，镇定得对学生的表现无动于衷。第二节课，我亲自去上课，叫学生听写，没几个学生拿出笔；叫学生朗读，他们东看看西看看。那节课，我很无奈。

这是典型的缺乏教学治理的课堂。

课后，我跟科任老师商量，建议他们课堂上一定要构建好教学秩序，没有规矩不成方圆，首先要把规矩立起来。后来的课堂上，学生渐渐地懂得了规矩，走向了正常的轨道。

华东师大周彬教授认为教学治理的目的主要有两个：一是避免发生或者消除影响班级有序学习的事件，我们将它简称为维持课堂秩序；另一个是通过合作学习凝聚班级合力，在整体上提高学习效率，我们将它简称为促进课堂合作。①

"五多课堂"也有同样的认识：一是构建教学秩序，二是组建学习共同体。

一、构建教学秩序

我们先来说课堂教学秩序。教学秩序是指教学中教师有条理地、有组织地安排学生活动以求达到正常地运转或良好地教学的状态，它是教学治理的重要内容。古人云：法治兴则国家兴，法治衰则国家衰。课堂上没有合理的教学秩序，教学是难以高质量进行的。

构建教学秩序，起码要做好以下三件事。

1.学生知道在课堂中应干什么。

教学是一种养成，好的教学一定有良好的养成习惯。这主要体现在，学生在课堂上知道干什么。上课铃一响，学生要保持安静，端正坐姿；课堂上，要拿出书本，准备好笔与笔记本，等等。可以从以下四个方面细化教学秩序：

（1）课前准备。上课铃一响，停止讲话，准备好本节课的相关教材和资料。这是学习应有的态度，一个好的班级该有的学相。很多年轻老师由于带班经验不足，在学生上课准备方面强调得不够，导致上课时学生手忙脚乱。

（2）坐姿。胸部距课桌约一拳，眼离书本约一尺，手离笔尖约一寸。防止学生近视，一定要他们保持端正的坐姿；当学生没有按照规定执行时，老师要适时指正。一个负责任的老师，一定会从学生身心健康角度为学生着想的。

（3）课上尊重。课上学生要懂得尊重老师，回答问题要举手；要及时、认真完成老师的教学指令；不跟周围同学交头接耳，不吃零食，不搞小动作。

---

① 周彬.课堂密码：对课堂教学的深度思考［M］.上海：华东师范大学出版社，2009：100.

课上学生要懂得尊重学生，不打断同学的对话。课堂上说话语气要平和，多点喜悦，不要愤怒；多点谦和，不要傲慢。

（4）课后作业完成。课后一定要高质量完成老师布置的作业，要书写工整，不抄袭，不拖欠。

从课内到课文，务必要给学生一定的课堂秩序约束，使之养成一种学习习惯，习惯成自然。这样的课堂，学生学的气质都会与众不同。

课堂的教学秩序也是离不开学校的文明治理的。好的学校文明治理，有助于课堂教学秩序的构建；同时，好的教学秩序也会助推学校文明治理。近代教育家张伯苓创办南开大学，为了培养学生的文明行为，他在学校校门内设置了一面整容镜，镜框上写道：

面必净，发必理，衣必整，纽必结。头容正，肩容平，胸容宽，背容直。气象：勿傲，勿暴，勿急。颜色：宜和，宜静，宜庄。

从衣着面容到气象颜色，对学生有了一定的约束规范，润物细无声，教育需要的就是这种功夫。

2. 学生在老师发出教学指令后知道要干什么。

教学是一种执行行为，学生有义务执行老师的学习指令。当然教学指令只是一种教学要求，而非一种行政命令，这种要求是基于尊重学生、理解学生，指向学生学的行动指南。

当老师发出教学指令后，学生应该知道要干什么。学生要学会接受老师的教学指令，师生之间才够心灵默契，课堂教学才会有条不紊。前文讲的那个故事，正是因为学生不接受老师的指令，我行我素，才导致教学难以正常开展。当然，老师的教学指令首先应该是正确的，如果胡乱下达，学生不愿接受，也是情有可原。所以，老师的每一项指令都需慎思，不可随意。

3. 老师要明确教学指令的具体内容是什么。

欲使学生很好地完成教学指令，老师首先得明确学生该干什么，如何干，干多少时间。

一次听初中作文课，一老师要求学生写作文，教学指令如下：

（1）写一种美食。

（2）写 80 字左右的片段。

学生面对这样的指令显得茫然，十分钟后，没有多少同学能动笔。

而在另一个班，同样的教学内容，另一位老师是这样下达指令的：

（1）写一种美食，围绕这一美食的特点，从两到三个方面来写。

（2）注意安排合理的顺序，使用恰当的关联词、提示语。

（3）写 80 字左右的片段，5 分钟内完成。

这个班的同学很快在规定时间内完成了写作。

不难看出，第一种教学指令是模糊的、笼统的，而后面的教学指令是清晰的、具体的：围绕特点写，不要面面俱到，需要注意哪些技巧，字数该多少，时间该多长。故而，两种教学，效果截然不同。

"五多课堂"要求教师把结果性指令变成过程性指令，把指令展示清楚或说清楚。

执教《四季之美》，若要设计写作环节，我们可以这样下指令：

（1）写一段自己印象最深的某个景致。

（2）注意有动态描写，建议使用颜色词语和叠词。

（3）写 50 字左右的片段，6 分钟内完成。

这样的教学指令清楚地告诉了学生写作的具体内容，也结合了课文的特点，培养了学生运用祖国语言文字的能力。

至于有难度的训练，教师可先搭桥，然后下指令。

比如执教《念奴娇·赤壁怀古》，训练学生写文学短评。训练前，教师可以展示名家赏读：

此词上阕，先即地写景，为英雄人物出场铺垫。开篇从滚滚东流的长江着笔，随即用"浪淘尽"，把奔腾不息、倾注不尽的大江与名高累世的历史人物联系起来，布置了一个极为广阔而悠久的空间时间背景。它既使人看到大江的汹涌奔腾，又使人想见风流人物的卓荦气概，更可体味到作者兀立江岸凭吊胜地才人所诱发的起伏激荡的心潮，气魄极大，笔力非凡。

学生阅读名家短评后，根据自己的理解谈谈短评的基本写作特点。此时教师可以这样下指令：

（1）写一段短评，从你喜欢的用词、艺术手法等角度展开评论。

（2）注意叙议结合的方式，要在适当复述、介绍或引用作品内容的基础上，展开分析和评论。

（3）写100字左右的片段，6分钟内完成。

训练学生写作，可以先告诉他们写什么，然后建议他们如何写，指令重在过程指导，发挥教师教的作用。这样的教才能促进学生的学。

二、组建学习共同体

佐藤学在《学校的挑战——创建学习共同体》中有这样几段课堂场景描写：

在课堂里有一个沉默寡言的男生高志（匿名）。高志唯一的朋友是坐在一起的正人。一位青年教师为了试验小组学习的方式而组织男女混合的四人小组，把他拉到前面的一个小组。高志向正人递送委屈的眼神，但正人被安排在别的小组里了，无可奈何。这位青年教师或许是有意让他们分开的吧，不过，凭现场的观察来说，这一安排是不露痕迹的。无论高志极度焦虑的表情还是他向正人求救的神态，这位教师似乎都没有注意。

在高志所在的四人小组里有三个女生，男生只有高志一个。在这三个女生当中有一个班级里英语最差的幸子……此时她就坐在高志的旁边，准备代替正人来关注高志。

教师出示一张运动员的照片，看了照片后，一个人问道："What is he(she) doing?"另一个回答："He is playing tennis."幸子总是关照高志，但由于关键的词汇一窍不通，就向同组的其他两人——由美和雅惠——反反复复询问："哎，老师说的什么？""哎呀，那不是从事柔道的小柔道的照片嘛。柔道，英语该怎么说？""playing，什么意思？""he，什么意思？男人？如果是这样，女人的场合怎么说？""they是什么意思？如果是they，为什么不是is？"幸子倘若不询问由美与雅惠，是没办法应对高志的。

看到幸子慌慌张张的样子，高志僵硬的表情里露出一丝微笑。高志沉默寡言，从不跟他人搭讪，但英语考试的成绩总是优秀。在高志的眼神里，期待得到自己的帮助而拼命询问由美和雅惠的幸子的样子，或许是令人快活而可笑的吧。在看了乒乓球员小爱子的照片之后，幸子终于毅然地询问高志道："What is he(she) doing?"高志轻声细语地回应道："She is playing table tennis."

……

佐藤学说："我碰到奇迹了。幸子在这堂英语课之前，不，在小组学习开始之前，都是一个学力极度低下的学生。然而，就是这个幸子，现在居然能够理解所有这些内容。这是领悟'合作学习'之精髓的绝妙情景。"①

"五多课堂"亦要求创建学习共同体，倡导小组的合作、交流、讨论。"五多课堂"要求让学生多展示、多提问、多思考、多讨论，就是希望在学习共同体中，实现他们学习的权利。

杰克·斯诺曼与里克·麦考恩在《教学中的心理学》一书中说：

"在绝大多数相关研究中，各种形式的合作学习已经被证明，相比于非合作奖励结构，能够更有效地提高与动机相关的变量的水平，提高学习成绩，产生积极的社会性效果。"

事实已经证明组建学习共同体的重要意义，关键是在合作共同体中如何开展合作学习。

丹纳说："产生伟大的作品必须具备两个条件：第一，自发的独特的情感必须强烈，能毫无顾忌地表现出来，也不需要受指导；第二，周围要有人同情，有近似的思想在外界时时刻刻帮助你，使你心中的一些渺茫的观念得到养料，受到鼓励，能孵化，成熟，繁殖。人的心灵好比一个干草扎成的火把。"②学生的学习，也好比一个干草扎成的火把，要发生作用，必须它本身先燃烧，也要依靠周围的火种在燃烧。组建学习共同体，重在一"帮"字，"帮学"恰恰起着这样的引燃与共燃的作用。

佐藤学指出"合作学习"的意义在于，通过与同学的合作，一个学生能挑战其达不到的水准。在合作小组中，形成互学与帮学氛围，学习就易被当作是一种责任和有价值的活动。

杰克·斯诺曼与里克·麦考恩在《教学中的心理学》一书中也指出：

"推荐的小组规模通常为四到五个学生。最起码，小组中要有男生与女生，而且学生的能力水平要所不同。如果可能，不同种族背景和社会阶层在

① 佐藤学.学校的挑战：创建学习共同体［M］.钟启泉，译.上海：华东师范大学出版社，2010：16-17.

② 丹纳.艺术哲学［M］.傅雷，译.南京：江苏凤凰文艺出版社，2018：108.

小组编排时也要有体现。"

建立学习共同体，不少学校基本上也是把四五名学生围坐一起作为一组，从数量上讲是科学的，但不少学生反映老斜着身子看黑板，不利于身体健康。我的建议是：根据目前的教室布置情况，前后四人一组即可，讨论时也方便；不过一定要体现学情的差异性，这样才便于帮学，合作学习源于差异。

帮，也指教师对学生的帮。两千多年前的哲学家苏格拉底认为，教师之教学，类似产婆将胎儿"引出"而已，产婆绝对无法"由外往内"地赐给产妇婴儿，却只能"由内往外"将婴儿接生下来。他强调的正是教师对学生的帮：教师只能帮学生"自己"重新"发现"早已存在的观念，或"回忆"遗忘但未曾消失的记忆。

我们不得不承认这样一种事实：在教学中是否能够形成合作学习，很大程度上（将近有七成）取决于能否尊重每一个儿童的尊严，而教师的经验与学习的理论、教学的技能不过占了三成的比例。[1]

教师高高站在讲台上，不善于倾听学生，不懂得保护孩子的自尊等，学生是难以形成合作力的。课堂虽讲规矩，但也是自由的、和谐的、平等的。

"五多课堂"把育人摆在首位，课堂上时刻关注学生，培养学生合作、平等、谦让、思考、对话、倾听、讨论等良好品质。所以，"多到学生中去"是帮学的重要途径，除了帮着学形而下的知识，更要帮他们学形而上的能力：树立自信，建立合作的关系等。华东师大卜玉华教授指出：合作学习的素养包括"乐于合作，积极参与的精神；善于倾听与思考；善于对话中表达自己的思考；态度谦让，以人为先"。

老师充满激情，面带微笑，俯下身子，观察、倾听、反馈，营造舒心舒

① 佐藤学.教师的挑战：宁静的革命静悄悄［M］.钟启泉，译.上海：华东师范大学出版社，2012：5.

适的氛围，没有嘲笑、没有讥讽，大胆交流、自由表达，这是多么美丽的课堂景象。

我在一线时，为培养学生学的品质，曾给他们写下学习养成歌：

精神饱满到课堂，

自信勇敢不畏难。

回答问题声响亮，

勤于思考多亮相。

学会倾听与对话，

敢于展示不慌张。

组长负责共监督，

班长努力做榜样。

碰上难题不紧张，

学习小组来帮忙。

这应是"五多课堂"教学治理的一个重要方面，不过那时并未提出此概念。

组建学习共同体，学生有了自信，交流、分享成了习惯，合作学习也就顺利达成了，他们可以自由提问、自由展示、自由思考、自由讨论。教育是一种养成，学生逐步由怀特海强调的"自由"，走向"自我发展"之路，也就实现了教育之目的。

『五多课堂』课例解读

好的课堂不是在上课，而是在生活，在思考，在创造。只有创造之教师，才能培养出创造之学生……

第一节

解放教师在于独立思考

——《高考作文审题的三个维度》课例解读①

一、强化"第一维度：写给谁"的意识

◐ **教学意图**：让学生欣赏一篇看起来很典雅的文段并展开讨论，使之产生审美落差，从而强化写作的读者意识。

◐ **教学导图**：

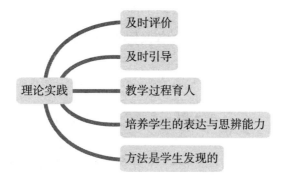

师：看标题——高考作文审题的三个维度。哪三个维度呢？我想你们会有一种好奇感。到底是哪三个维度呢？这节课，我们就来解决它。先来看作

---

① 课堂实录由"春来咏语"教研团队蒋淑玲老师整理。

文材料（课件出示）——

阅读下面的材料，根据要求写作。（60分）

据近期一项对来华留学生的调查，他们较为关注的"中国关键词"有：一带一路、大熊猫、广场舞、中华美食、长城、共享单车、京剧、空气污染、美丽乡村、食品安全、高铁、移动支付。

请从中选择两三个关键词来呈现你所认识的中国，写一篇文章帮助外国青年读懂中国。要求选好关键词，使之形成有机的关联；选好角度，明确文体，自拟标题；不要套作，不得抄袭；不少于800字。

师：这道作文题大家熟悉吗？见过吗？

生：见过。

师：这是2017年全国1卷的作文题，大家熟悉，估计老师也给你们讲了。

生：没有讲。

师：先看一看。看完了吗？

生：看完了。

师：看完了我们再来欣赏一个作文片段，看完之后，请一位同学来评价。

（课件出示片段）

中国之道，共享之美（开头）

广场舞、共享单车、一带一路，皆有共享之义。广场舞，共享其乐以健其身也；共享单车，共享其货以尽其用也；一带一路，共享其利以化天下也。共享之义，自古有之。《礼记》曰："货恶其弃于地也，不必藏于己；力恶其不出于身也，不必为己。"故此三者，通于古之道合乎今之宜者也。

（师仔细观察学生思考状态，学生静坐思考。）

师：特别喜欢你们这一双双凝视的眼睛，特别认真，又那么宁静。谁来说说这个片段写得怎么样？

生：（齐声）好。

师：要一个同学说，你来。

生：首先是非常符合题意，根据题目要求选了三个词语出来。

师：嗯，这是非常聪明的学生。第一，立意特别准确，选了三个词语。

生：然后就是用古人的笔法写的。

师：同学们，我们在评价一个事物的时候，请学会怎样表达——第一、第二、第三。那第二是？

【教学解读：及时评价。评价是教师的基本功，"五多课堂"主张生活化的评价，也要求及时评价、过程性评价。学生用"首先，然后"来表达，这样的表达很有层次，老师要及时评价给予表扬。】

生：写得非常具有文采。

师：第三呢？

生：第三是开头就引出了标题，为接下来的议论作了铺垫。

师：用简洁一点的语言来表达你复杂的思想。（众生笑）

生：引出开头嘛。（众生笑）

师：引出论点。可以把这个话说得再美一点吗？怎样引出论点呢？

生：（七嘴八舌地）开门见山。

师：开门见山地提出论点。还有吗？

【教学解读：及时引导。评价是为了引导，教学之功在"引导"二字。风趣幽默是"引导"的催化剂，"用简洁一点的语言来表达你复杂的思想"，含蓄、幽默地表达了对学生的肯定，同时也提醒了语言的不简洁。正因如此，学生想到了"开门见山"一词。"学生理性参与"需要的是得体表达。】

生：其他同学应该还有。（众生笑）

师：请坐。这是一种礼让。我不一定说得特别好，肯定有比我说得好的人，这是一种美德。有没有第四点？

【教学解读：教学过程育人。育人无处不在，育人无时不在。学生的言行也是一种育人资源。"其他同学应该还有"，不要小觑这句话，因为它蕴含着一种礼让，这是一种美德。课堂上就要及时把学生的言行转化为教育资源，这就是教育。教育在于及时、机智地回应学生。】

生：有。

师：好，这位男同学。

生：他运用了排比句式。

师：从修辞的角度说的，跟第二点有文采其实差不多，你只是进一步说明刚刚这个男生的第二个观点。为什么有文采？因为他运用了排比的修辞。还有吗？

生：他还引用了《礼记》里面的句子。

师：还学会了引用。

生：文章是有内涵的。

师：换句话说，选段有文采，第一是用了排比的修辞，第二是引用了古籍里的句子——

生：（争先恐后地）引经据典。

师：你看，换一个词语，意思是一样的，但是显得人的品位不一样。（众生相视一笑）

师：（和蔼可亲地）这位同学是质朴的品位，刚才那位同学是高雅的人士。还有吗？（众生笑）

生：没有了。

师：刚才两位同学进行了概括。我非常喜欢这样的概括，能够用一、二、三来说话，这是什么样的说话？——我把我想说的话条理化、清晰化、清楚化。有没有不同的意见？有没有觉得有点小问题的？

【教学解读：培养学生的表达与思辨力。表达也是一种思维，课堂上，教师要注意训练学生的表达力，要用得体的语言表达出深刻的思想。当大家在一致叫好时，我突然问"有没有不同的意见"。这样问的目的就是要培养学生的思辨能力，树立"读者意识"。欲抑先扬的手法，让他们有一种惊讶之感。柏拉图说，哲学起源于惊讶。"五多课堂"是充满哲学智慧的。】

生：我觉得它有个地方不好，前面的题目说的是给外国人看，他这么写的话，会不会让外国人看不懂？

师：请你用洪亮的声音再说一遍。（众生笑）

生：题目说是给外国人看的。

师：题目说是给谁看的？

生：外国人。

师：听，题目说是给谁看的？

生：（齐声）外国人。

师：但是呢？

生：但是他写的都是古文，会让外国青年看不懂。

师：全是古文，对一个外国人来说，他能不能清楚地、简单地、自如地理解你的意思？

生：不能。

师：好还是不好？

生：不好。

师：同学们，这说明咱们审题的时候得注意什么？

生：对象。

师：这篇文章是写给谁的？

生：外国青年。

师：为谁写？（板书）

生：外国青年。

师：给外国青年写文章，我们最好用什么样的语言？

生：通俗易懂的语言。

生：质朴一点。

生：白话一点。

生：平实的语言。

师：说明一个道理：读者对象不一样，用的语言也不一样。所以，同学们，这么多学生，只有这位可爱的小女生发现了，我觉得她发现了"新大陆"，让我们用掌声对她表示鼓励。（掌声热烈）

师：同学们，写作文写作文，很多人在骨子里觉得我想写什么就写什么，我就用优美的排比的语言，或者是引经据典的语言来写，越文雅越好，辞藻越丰富越好，非也。有句话说得好，到什么山上唱什么歌，最合适的就是最好的语言。注意了，"为谁写"是一个维度。

【教学解读：方法是学生发现的。方法不是老师教出来的，而是学生自己发现的。好的教学重在提供让学生发现的条件，一是提供促进学生看见的条件，二是提供促进学生想到的条件。想到比看见更重要。学生惊讶之余，再仔细一读材料，便豁然开朗。如果课堂上直接告诉学生要有读者意识，写给外国人看的文章语言要通俗易懂、质朴、白话、平实，远没有这样教的效果好。教学合一就在于老师的教与学生的学高度融合，学决定教，教促进学。】

二、强化"第二维度：我是谁"的意识

◉ **教学意图**：再次让学生欣赏选段，并展开讨论，生成观点，从而强化"我是谁"的意识。

◐ 教学导图：

学习在反复训练中发生

理论实践 —— 理性参与

进步在帮学生中发生

师：我们再来看（课件展示材料）——

阅读下面的材料，根据要求写作。

2000 年　农历庚辰龙年，人类迈进新千年，中国千万"世纪宝宝"出生。

2008 年　汶川大地震。北京奥运会。

2013 年　"天宫一号"首次太空授课。公路"村村通"接近完成；"精准扶贫"开始推动。

2017 年　网民规模达 7.72 亿，互联网普及率超全球平均水平。

2018 年　"世纪宝宝"一代长大成人。

……

2020 年　全面建成小康社会。

2035 年　基本实现社会主义现代化。

一代人有一代人的际遇和机缘、使命和挑战。你们与新世纪的中国一路同行、成长，和中国的新时代一起追梦、圆梦。以上材料触发了你怎样的联想和思考？请据此写一篇文章，想象它装进"时光瓶"留待 2035 年开启，给那时 18 岁的一代人阅读。

要求：选好角度，确定立意，明确文体，自拟标题，不要套作，不得抄袭，不得泄露个人信息；不少于 800 字。

师：这是哪一年的高考题？

生：（七嘴八舌地）2018？ 2019？

师：（微笑着）是2018年的高考题，你们看过了吗？

生：看过了。

师：看过了，用两分钟时间再看一遍。

（生开始认真看题，师一旁静立，让学生静心审题。）

师：再欣赏这篇文章，请一位男生来读一读吧！

亲爱的后生：

当你们打开这个时光瓶时，我有可能已不在了，即使健在，也垂垂老矣。而18岁的你们却正当年华，正意气风发地放飞希望，正永不言败地谱写梦想。"世界是你们的，也是我们的，但是归根结底是你们的"。

因为你们风华正茂，未来梦想由你们用金线去编织，未来世界由你们创造。

（一男生很认真地读完，其中有读错的地方，读完后，响起了热烈的掌声。）

师：我发现你们身上有很多可贵的品质。有人说，人生在世，要做一个在路边为别人鼓掌的人，你们就是那为别人鼓掌的人。你们觉得写得怎么样？读得怎么样先不评价。（众生笑）

（生议论纷纷。）

生：写得嘛，中规中矩。

师：还是按照刚刚那个一、二、三来说话，条理化、层次化、清晰化。

生：第一，他的优点是引用了毛主席说的一句很有名的话。

师：同学们，聪明的人评价往往先说优点。第一，优点是引用了毛主席说的话。第二呢？

生：第二，我就说点他不足的地方。

师：嗯，第二是讲他不足的地方。

【教学解读：学习在反复训练中发生。吕叔湘说："任何技能都必须具备两个特点，一是正确，二是熟练。要正确必须反复模仿，要熟悉必须反复实践。"教学生有条理地表达，需要反复训练。】

生：虽然他引用了毛主席的名言，但是他的文采比起上一篇的开头还是不足的。

师：这一篇文采是稍稍逊色的，上一篇虽然有文采，但是读者对象不一样，不一定是好文章。这一篇的读者对象是？

生：这一篇的读者对象是直接点出来的——18岁的你们。

师：你的意思是文采可以更加飞扬一点儿，还有吗？

生：嗯。还有就是第一句话中的"我有可能已不在了"，总觉得作为一个考生，这样写，不太合适。

师：你觉得开始这句话有点问题。那么，有没有不同的意见呢？你还有要表达的吗？

生：（羞涩地）交给其他有才华的同学吧。

师：同学们，美德是可以互相传递的（众生笑），我觉得你们这个班真的了不起，我真的是好喜欢你们，我真想留在一中跟你们一起学习，当然，你们也要愿意让我上课。还有没有不同的意见？

【教学解读：理性参与。"五多课堂"主张学生理性参与，学生的谦让是其表现，教师恰当的幽默表扬，进一步升华这种行为。】

生：不顾实际。

师：什么意思？

生：他不是写给2035年18岁的一代嘛，那时他才中年。

师：按理来说，那个时候作者应该多大？

生：三十五六岁。

师：而他写的是——

生：垂垂老矣。

师：哪有这么老的中年人？说明什么？他把自己定位为老年人。所以我们在写作文的时候要注意——

生：我是谁。（板书：我是谁）

师：同学们，我是谁，为谁写，审题时如果没有这样的意识，一不小心你就把自己定位错了。我在阅卷的时候也看到很多学生给自己定位定错了。同学们，这就是高考作文审题的第一个维度——为谁写或者是写给谁，（手指板书）第二个维度是什么？一起说。

生：我是谁。

师：不要忘了——

生：自己。

【教学解读：进步在帮学中发生。"五多课堂"强调：课堂是移动的，它跟着学生在走；课堂是开放的，它带给学生学习的自由。学生在真实的学习中，独立思考，发现问题，从而解决问题。老师只起着帮一帮的作用。同学之间也存在一种帮学关系：第一位同学只模糊地发现选段有问题，但不能指出实质，而第二位同学在此基础上发现了症结，最后共同进步。】

三、强化"第三维度：写什么"的意识

◉ **教学意图：**由浅入深，教学生细读材料，学会筛选信息、提炼观点。

◐ 教学导图：

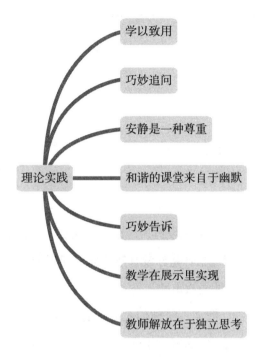

师：这两个维度相对来说比较简单，接下来，咱们的层次稍稍高那么一点点，现在请看（课件出示材料）——

阅读下面的材料，根据要求写作。

"民生在勤，勤则不匮"，劳动是财富的源泉，也是幸福的源泉。"夙兴夜寐，洒扫庭内"，热爱劳动是中华民族的优秀传统，绵延至今。可是现实生活中，也有一些同学不理解劳动，不愿意劳动。有的说："我们学习这么忙，劳动太占时间了！"有的说："科技进步这么快，劳动的事，以后可以交给人工智能啊！"也有的说："劳动这么苦，这么累，干吗非得自己干？花点钱让别人去做好了！"此外，我们身边也还有着一些不尊重劳动的现象。

这引起了人们的深思。

请结合材料内容，面向本校（统称"复兴中学"）同学写一篇演讲稿，倡议大家"热爱劳动，从我做起"，体现你的认识与思考，并提出希望与建议。要求：自拟标题，自选角度，确定立意；不要套作，不得抄袭；不得泄露个人信息；不少于800字。

师：哪一年的高考作文？

生：2019年。

师：这个老师跟你们讲了吗？

生：没有。

生：有。

师：有的说讲了，有的说没有讲，在这里就发生了争论。我估计你们老师是讲了的，说没有讲的估计是你没有仔细听。（众生笑）现在来看看，我要你审题了。怎么审？（生再次审题）

师：老师讲了的，我就不给你们太多的时间。我想请一位同学来说说，假如你来审题，该怎么审？刚刚我们已经讲了两个维度了。还是举手吧，我觉得举手的感觉特别好，谁来？

生：（很自信地站起来）我觉得首先我是一名学生。

师：同学们，课堂上一定要学会学以致用。老师讲了，我就要用。老师今天讲了很多话，这句话特别重要——我是谁？

【教学解读：学以致用。"五多课堂"遵循"懂得—欣赏—运用"的教学逻辑，尤其重视运用。课堂上能消化巩固的，请不要放到课后；课堂上能迁移运用的，就当堂训练。】

生：学生。

师：你的定位是学生。第二呢？

生：第二，演讲稿是面向同学。

师：演讲稿是写给谁的？

生：本校全体学生。

师：这个同学很老实本分。上次我上课，我问"你的定位是谁"，有个同学定位为校长，可不可以？

生：可以。

师：还有个同学很有意思，定位为教育局局长，可不可以？

生：可以。

师：到底可不可以？面向本校同学。

生：教育局局长不是学校里的人，不可以。

【教学解读：巧妙追问。"五多课堂"讲究"多让学生提问"，但并不反对教师的追问。学习中，如果学生的思维显得单一，此时教师不妨采取追问的方式激活他们的思维，进一步加深对"我是谁"的理解。】

师：我对那位同学说，你的官瘾还是蛮重的。（众生笑）两个定位对了，更重要的是，演讲稿的主题是写什么？

生：劳动卫生。

师：你们打算怎么写？接下来你们来写，待会儿展示展示。

生：写标题？

师：不写标题，写角度，也就是你将从几个角度来写。

（生开始写，师巡视。请两位学生到台上写。）

一学生写：

1. 劳动是什么；

2. 为什么要劳动；

3. 怎么去劳动。

另一学生写：

1. 劳动有关事例（对人的影响）；

2. 反面（危害）；

3. 对同学的建议。

【教学解读：安静是一种尊重。"五多课堂"的文化是尊重的文化，安静就是一种尊重。当学生在思考时、在写作时，老师就保持安静，多到学生中去，去发现他们写作的特点。"你的官瘾还是蛮重的"，虽然是玩笑话，但这样的价值取向值得商榷，想当教育局局长并没有错。课堂上的样子，就是你生活中的样子，教师的个人价值观可以影响学生的价值观，我们要三思而后行。】

师：同学们，刚刚我请两位同学写了他们的观点，如果你看到这样的观点，会打多少分？谁来说？

生：我觉得第一位同学写得特别好，因为跟我写的一样。

师：噢，你的逻辑是因为跟我一样，所以写得特别好。

生：我觉得第二个不太好，因为跟我的不一样。（众生发笑，师忍不住也笑了。）

师：同学们，我们在给一个人评价的时候要——

生：客观。

师：我们不能犯一个错误，什么错误呢？如果以我的标准来衡量姚明的话，我觉得姚明好丑，因为姚明那么高，我这么矮，那怎么行呢？（众生笑）不能以自己的标准为标准，要客观。那么，作文的客观是什么？

生：作文的材料。

【教学解读：和谐的课堂来自于幽默。课堂上学生有一种轻松自由的感觉，因为在和谐的氛围中，他们并不拘谨，在自由表达。不过他们此时的表达，是缺乏理性的。老师要及时站出来，恰到好处地拨乱反正。在整个活动中，我们不难发现：幽默让学生乐于学习。】

师：劳动是什么？为什么去劳动？怎么去劳动？当然，思路特别清晰。是什么，为什么，怎么办，这是老师教给你们的写法。还有这位同学的，（手指黑板）先从正面去写，再从反面去写，这也是老师教给你们的。

师：但是，我也很赞同他（手指一位学生）的观点——都不好。你们要善于去发现，要去读材料。如果看到劳动就写劳动，就不容易得到高分。看一下我重新组织的材料（课件显示）。

不理解劳动，不愿意劳动：

①有的说："我们学习这么忙，劳动太占时间了！"

②有的说："科技进步这么快，劳动的事，以后可以交给人工智能啊！"

③也有的说："劳动这么苦，这么累，干吗非得自己干？花点钱让别人去做好了！"

此外，我们身边也还有着一些不尊重劳动的现象。

生：切入点。

师：切入点是什么？

生：不理解劳动，不愿意劳动，不尊重劳动。

师：我们可以把材料简化为不理解劳动，不愿意劳动，不尊重劳动。（删掉了材料中其他的文字）所以——

生：热爱劳动，从我做起。

师：是不是觉得很神奇？像魔术一样神奇吧？（望向刚刚回答的男生）你的回答让我心花怒放，因为你发现了。同学们，你们当时想过这个观点没有？

生：想过……（一阵笑声）

师：说明当时你们审题的时候是怎样的状态？

生：忽略了。

生：没有注意。

师：你们"一扫而过"。我想告诉你们的是……（课件出示）一起读。

生：你所看到的不是一行行密密麻麻的文字，而是一个个写作的有效信息。

师：写什么？也就是文章的观点来源于什么？

生：材料。

师：没有材料怎么去写啊？你看到劳动就写"什么是劳动，为什么劳动，怎样去劳动"，那给那么多材料干什么？你岂不是浪费了人家的感情？人家选这么多材料容易吗？不容易啊，老师们（生笑），同学们。我为什么说老师们，同学们？是因为我们的老师们也没有发现。看，材料稍稍一变就不一样了吧？我们就是要对材料认真地看。怎么看？

生：一行一行地看。

师：看什么？看论述的句子，看事例。事例是干什么的？解释用的。同学们，学会这么去看，就知道了并不是你们不行，而是缺少一双发现的眼珠子。（生笑）

【教学解读：巧妙告诉。"五多课堂"主张：少告诉，多发现。少告诉，并不意味着不告诉，而是要巧妙地告诉。这种巧妙是建立在发现的基础上的：老师把材料进行分解、分行后，学生立马很清楚地发现了。当学生发现后，不妨再次告诉他们，使之强化认识。不过，在此教学环节中我说的"眼珠子"一词不太妥当，如果说成"眼眸"会更好一些。教师的语言是一门艺术，慎思而行。】

师：按照这样的方法，我们一起来训练训练吧。（课件出示材料）

阅读下面的材料，根据要求写作。（60分）

①数风流人物，还看今朝。（毛泽东）

②中国"90后"普遍显得乐观、务实、雄心勃勃，自信心和幸福感较强，"世界属于这一代中国人"。（英国路透社报道）

③第十二届"中国大学生年度人物"评选共有13名优秀大学生获奖。其中有潜心学术、本科期间多次参与省市级科研课题并发表学术论文的丁中贤，有在国际上首次提出填充式和自支撑搅拌摩擦焊新技术的专利达人万龙，还有在首届"互联网+"大学生创新创业大赛中斩获金奖的创业先锋刘皓帆，热心公益的刘皓帆还牵头开展"周末圆梦大学"项目，4年间帮扶农民工子女4000

人……入选大学生奋发向上，是大学生群体中的杰出代表，彰显了当代大学生勇于创新、敢于担当的时代风貌。

上述材料引发了你怎样的感触与思考？请写一篇演讲稿，准备在大一迎新活动中发言。要求选好角度，明确文体，自拟标题；不要套作，不得抄袭；不少于800字。

师：拟一个标题，分几个角度，待会儿我请几个同学上来写。

（生开始写作，师巡视指导。一男生和一女生在黑板上写。）

男生写：争做青年楷模

　　1.自信

　　2.创新

　　3.担当

女生写：迎时代潮流　做时代青年

　　1.新时代中我们要积极乐观，求真务实

　　2.新时代中我们要勇担责任，奋发向上

　　3.新时代中我们要开阔视野，敢于创新

师：同学们，我们先来看这位男生写的，短小精悍，这让我想起了一篇课文中的一个人——梁启超先生。（众生笑）他的主题是什么？

生：争做青年楷模。

师：定位一下，我是谁？

生：大学生。

师：写给谁？

生：大一新生。

师：告诉他们我们要怎样？

生：自信、创新、担当。

师：信息提取得特别好，不过我们还可以把它美化，这是下一节课的内容。今天这节课，我就让你们善于从材料中提取有效的写作信息。根据这个女生写的，怎么做青年？积极乐观，求真务实；勇担责任，奋发向上；开阔视野，敢于创新。比较一下，这两位同学，谁写得好？

生：女生写得好，是升级版。

师：为什么是升级版？女生把她的观点表达得更具体，这就是能力。看，这些都是从材料里提取出来的。

师：有个同学是这么写的——青年风貌的三张"名片"：勇于向上，乐于担当，敢于创新。这个标题是不是更好一点？好在什么地方？

生：很形象。

师：用了几个"于"。

生：勇于，乐于，敢于。

师：我们再看观点之间的逻辑关系。要向上，向上之后要——

生：担当。

师：担当之后要——

生：创新。

【教学解读：教学在展示里实现。"多让学生展示"可以让学生展示学习成果，同时也可以看到学习上的不足，学生的展示本身就是一种教学资源。有展示，必定有评价。光展示不评价，教学效果会打折扣。不仅是展示所教学生的，也可以展示非本班学生的；不仅展示一个学生的，也可以展示多个学生的。在比较中发现优劣，在优劣对比中进行教学，不过要注意保护展示者的自尊。】

师：同学们，高考作文就是这么简单。老师也写了一个。做"四心"青年：信心，雄心，潜心，热心。你们看材料时发现没有？

生：没有。

师：我发现的时候有种血液喷张的感觉，我觉得很兴奋，我从材料当中找到了写作点。"四心"是哪四心？

生：信心，雄心，潜心，热心。

师：这是我的观点，当我写下水作文的时候，就是这么组织文章的。我的下水作文，你们来看一看。（给学生分发一份）请两位同学来读，一人一段，掌声欢迎。

做"四心"青年

吴春来

亲爱的同学们：

大家好！

90多年前的那个秋天，一代伟人毛泽东在橘子洲头，望着滔滔北去的湘江，喊出"问苍茫大地，谁主沉浮"的豪言壮语，一群风华正茂的青年人，用青春的璎珞与热腾的金线编织出一个伟大的时代。

而如今，当英国路透社发出"世界属于这一代中国人"的响亮论断时，当一群大学生奋发向上、不畏艰险，用生命彰显创新与担当时，年轻的我们，心潮澎湃、感慨万千之余，是否会见贤思齐？是否会三省吾身？是否会跃跃欲试有一番作为呢？如果有人问"你想做怎样的青年"，我会十分自豪地回答：我要做新时代的"四心"青年。

做一个有信心的青年。有人曾说"'90后''00后'，垮掉的一代"，也有人无奈地说"'00后'，想说爱你不容易"……是的，我们这一代没有经历太大的人生风雨，没有品尝太多的生活苦辣，也许有过任性，也许有过颓废，也许在脆弱中失去了对未来的信心；但我们绝不做温室里的花朵，绝不会轻易低下高昂的头颅。"自信人生二百年，会当击水三千里"，我们不必妄自菲薄，我们不必自暴自弃，磨难只是另一种生活。新时代，更需要自信的我们，相信未来，相信国家，相信我们的文化与制度。专利达人万龙不是自信地站在了国际发明的舞台上吗？"00后"青年学生武艺姝不是用深厚的诗词文化功底，向人们展示了"腹有诗书气自华"的青年底蕴吗？

做一个有雄心的青年。"廉颇老矣，尚能饭否""烈士暮年，壮心不已"，多少仁人志士，多少时代英雄，不论身处江湖之远，还是位居庙堂之上，他们的报国雄心未老，他们的豪杰壮志不灭。作为青年一代，我们不能安于现状，不能满足于目前的优越生活，不要在流行的音乐、舒适的咖啡馆里消磨时光，而要在中华民族伟大复兴的征程中，心怀家国，目标远大，在航空航天、科技电子、军事国防等方面探骊寻珠，为制造属于自己的"中国芯"而勃发生机，为捍卫祖国的疆土不断奋发努力。

做一个有潜心的青年。"板凳坐得十年冷，文章不写半句空"，无论你如何自信，不管你多么有雄心，如果没有潜心研究的毅力与勇气，没有潜心研究的坚守与付出，万事皆为空谈！"空谈误国，实干兴邦""临渊羡鱼，不如退而结网"，亲爱的同学们，既然我们选择了远方，选择了远大的梦想，就让我们耐得住寂寞，守得住无名，在追梦的路上，像丁中贤那样刻苦和勤奋，潜心于我们的追求。请相信：待到山花烂漫时，我在丛中笑。

做一个有热心的青年。是谁说我们这一代青年，缺少爱心与公德心？是谁说我们这一代青年，没有了热心与温情？热心公益的刘皓帆牵头开展"周末圆梦大学"项目，4年间帮扶农民工子女4000人；耶鲁大学毕业生秦玥飞，选择回国服务农村，发起了"黑土麦田公益"项目，从事精准扶贫和创业。记得有一位诗人说，如果我们成功了，请不要忘记那些与我们相关或无关的人；鲁迅先生也说过，无穷的远方，无数的人们，都与我有关。亲爱的同学们，社会之进步，民族之发展，国家之昌盛，全球之和谐，都与你，与我，与大家息息相关。让我们永葆热心，热心于助人，热心于服务，热心于正义与公平，让我们的爱浸润在每一个人心中。

亲爱的同学们，俱往矣，数风流人物，还看今朝。让我们做一个有信心、有雄心、有潜心、有热心的新时代"四心"青年。

（学生读下水文，其他学生认真听。生读完，全场响起热烈的掌声。）

师：同学们，发言稿要读出它的气势，最后一段，我来做个示范。（示范读，气势恢宏地示范，掌声更加热烈。）同学们，今天我们讲了高考作文审题的几个维度？

生：三个。

师：哪三个？

生：写给谁，我是谁，写什么。

师：请同学们下课之后把作文写完整，今天这节课就上到这里。

【教学解读：解放教师在于独立思考。好的课堂有一个基本规律：师生共解放。只有解放了教师，才能更好地解放学生。"五多课堂"总结出来的"五多"首先为了解放教师，从而真正解放学习者——学生。教师的解放来自于独立思考。此环节是独立思考的集中体现。高考作文如何审题？众说纷纭，花样百出。而实际上教学效果并不理想，学生学得累，方法用不上。写高考作文，首先要会审题，审题一定要建立在读懂材料上。独立思考之关键在于教师对高考作文有深入的研究。换句话说，只有教师研究清楚了，学生才能学得明白。课堂结束处，通过下水示范，把学生引向作文的大海。学生们的表现，是本节课最好的注脚。】

第二节

解放学生在于自我发展

——口语交际课《请你支持我》课例解读①

一、生活入手，设置情境

◑ **教学意图**：从生活入手，激起学生学习的兴趣。在具体的情景里，解决生活与学习的问题。

◑ **教学导图**：

师：上课，同学们好。

生：老师好！

① 课堂实录由"春来咏语"教研团队刘苏老师整理。

师：同学们，我们今天上一堂口语交际课。（板书：口语交际）什么叫口语交际呢？这是我们平时经常做的事情，我打个比方，我上课的时候想上厕所，我该怎么办？

生：跟老师说。

师：怎么跟老师说？

生A（班上唯有这位女生身着运动服）：上厕所的话，我就会跟老师说："老师，我想上厕所啦，我能不能去？"

师：比方说，这个女生就是你的老师，你跟她怎么说？

生A：老师，我想上厕所了，我现在能去吗？我憋不住了，我要拉身上了。

生：（模仿老师的语气）你去吧。

师：其实这就是一种最简单的口语交际，口语交际有一个基本的内容，那就是说给对方听，然后对方回答，这是最简单的方式。

【教学解读：介入生活。课堂即生活，课堂很神圣，但不神奇。学好语文是为了更好地生活。以生活中的例子激起学生学习的欲望，让他们知道口语交际就在我们的身边。】

师：今天我们讲的不是上厕所，我们讲什么呢？假设你想办一份班刊或者班报，叫《小小作家》（板书：《小小作家》），那你怎么向你的语文老师建议并且让语文老师接受你的建议？先思考，把你的思考写在纸上。同学们，现在咱们先把你想写的、想说的写在纸上，写完之后小组之间进行交流。我们有五组，每组都得选两个人，一个是老师，一个是同学，进行口语交际的对话。现在开始。

（学生交流，教师巡视并俯下身子耐心指导。）

【教学解读：合理设置情境。情境设置要符合儿童心理，要满足儿童的学习需要。向老师建议办一份《小小作家》，学生们是喜欢的。在他们力所能及的范围内去解决问题，这就是合理性。】

师：好了，我们现在开始。从第一组开始，（拿话筒给学生）来，你们选人，我们其他人看你们表演。

（演老师的学生怯场，教师微笑，轻拍学生肩膀，给学生鼓励，学生受到鼓励后站起来表演。）

第一组学生表演口语交际：

生1：老师，我觉得现在班上同学们写作都非常的好，应该把大家的作文放在一起，做成班刊，名字就叫《小小作家》，这样可以让大家感到有趣，也可以互相学习写作方法，您觉得我的方法可以吗？

生2：我觉得很好，这样可以让同学们有效提高写作方法。

师：第四组，你来点评，你觉得这一组怎么样？

生：声音好听，建议不错。

生：我觉得完美得我无法点评。

师：这是一个幽默的小男孩，再来一个。（众生笑）

生A：我觉得他们总体不错，就是前面太磨叽了。

师：应该怎么样？

生A：我觉得应该再快一点，不要浪费大家的时间。

师：请坐下。我们来听取一下别人的意见。先从他开始（指向表演的学生），一开始的时候他磨叽，所以我们做任何事情要怎么样？

生：要快。

师：对，做事要果决。既然是我们的任务就不要再推脱了，好吗？刚才有同学说他声音好听——口语交际有个好嗓子很重要——建议不错，他到底说了什么建议，你记住了吗？

生：他觉得同学们作文都写得特别好，把它们收集起来做成班刊，大家可以学习上面的写作方法。

师：嗯。换句话说，我们在给老师提建议的时候，一定要提什么？意义。同学们，如果我们要做一件事情，要得到别人的支持，我们就要说这件事情的好处、目的或者意义、作用。（板书：目的、作用）刚有个同学说了一个好处，什么好处？

生：能够提高我们的写作水平。

师：还有一个特征，他用了这样的方式："老师，……可以吗？"比方说："老师，我要搞班刊，你不同意也得同意。"这样的方式可不可以？跟老师建议的时候用什么？

生：询问。

师：对，这样做才能做到有礼。我们现在看第二组，第二组不能磨叽了啊。

【教学解读：评价促进步。基于学生的评价可以发现学生的问题——表演时很磨叽，这时我点拨说：做事要果决。育人无处不在、无时不在，巧借学生的评价来育人。口语交际到底需要注意什么呢？还是通过学生的评价总结出来：说目的、作用，用询问的语气。】

第二组学生表演口语交际：

生1：老师，我今天有点事想和您说。

生2：说吧！

生1：我想为我们班创办一份班报，名叫《小小作家》。

生2：内容是什么？

生1：内容就是每天由几个同学写一篇作文贴在班里的墙上，让同学去参观学习写作方法，这样可以提高大家的写作水平，您看行吗？

生2：这个蛮好！我现在封你为史官去记录这些事情。（学生大笑）

生1：好的。

生2：我们的表演结束了，谢谢大家。（响起热烈的掌声）

师：谢谢，有没有来点评的？

生：这位老师的语言风趣幽默，同学的建议很大胆。

师：刚才我们说到了要有礼貌，刚才这位同学和那位同学，你觉得哪位同学显得更有礼貌？

生：我觉得全班都有礼貌。因为我觉得对话里面有很多表示礼貌的词语。

师：比方说——

生："您觉得……可以吗？""您看行吗？"

师：还有一句话很重要，你来说。

师：刚开始这一组同学怎么说的？再说一遍。

生：老师，我今天有点事想和您说。

师：嗯，她是有礼貌的。类似"可以吗""行吗"这样的语气，是什么样的语气？

生：商量的语气。

师：对，商量的语气。这是口语交际，我们的语气要怎样？

生：平和。

师："老师您好，您在忙吗？我有件事儿想跟您说。"语气要显得特别的柔和。首先得向老师问好，这是第一个；第二个，要问老师有没有时间；第三个，说明自己有事儿想跟老师说，且说话的时候要柔和一点。这是一种商量的、请求的语气，而不是命令的语气，听明白了吗？

生：听明白了。

师：嗯，这就是懂礼貌。接下来第三组展示好不好？

【教学解读：化抽象为具体。本环节还是通过学生的点评来促进步，与上环节的不同在于：把懂礼貌这个抽象的概念具体化，如用"行吗"等词汇。然后基于学生的点评进一步指出：先向老师问好，再问老师有没有时间，最后说明有事情想跟老师说。口语交际变得具体化了，更便于学生学习。】

二、边演边评，层层递进

◐ **教学意图**：通过表演与点评的形式，抓住契机生成新的教学内容。

◐ **教学导图**：

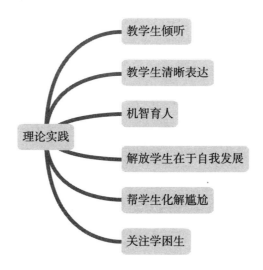

理论实践
- 教学生倾听
- 教学生清晰表达
- 机智育人
- 解放学生在于自我发展
- 帮学生化解尴尬
- 关注学困生

生：（声音异常洪亮）老师，我没话筒。

师：（幽默地说）你可以不用话筒，你声音挺大的。（学生哈哈大笑）

第三组学生表演口语交际：

生1：老师您在忙吗？我有些事想跟您说。

生2：说吧。

生1：我想在班上办个班报，名字就叫《小小作家》，我打算一周出一期，我觉得上面可以登一些同学们的范文，还可以让一些写得很好的人谈一下自己的经验，谈一下自己的写作方法，也可以加上一些小故事、小笑话让大家稍微轻松一下。

生2：这是很好的主意，那会不会影响你的学习呢？

生1：没关系，一周出一期，刚开始可以让那些自愿的同学周末在家里办好，然后周一再拿到学校来发给大家看，或者贴到墙上。

生2：很好，这是个不错的方法，能引起同学们的学习积极性，是非常不错的，但是你只能在课余时间办哦。

生1：好的，谢谢。

师：同学们，掌声！（看向扮演老师的学生）我发现今天很热，大家的汗珠都出来了。大家刚才都在认真听。大家有一个非常非常好的习惯，什么习惯呢？当这两个同学在表演的时候，你们都在认真地倾听，还看着他们，这是非常好的学习习惯，要保持。接下来我们点评，刚才这两位同学的话，我觉得很有含金量。谁来点评？（看向举手的学生）这位同学我看你以后可以作为一个点评的专家。

【教学解读：教学生倾听。当同学在展示时，其他同学要认真倾听，倾听是一种美德，倾听也是一种能力。不过，学生说"引起同学们的学习积极性"，"引起"一词不当，若能及时指出就好了。口语交际，首先得是语言的规范表达啊。】

生B：这位老师的点评一针见血，这位同学的建议很实用。

师：我们点评的时候要具体，比如说我觉得很有特色，一、二、三。点评的时候能说一、二、三是最好的。为什么说能说一、二、三是最好的呢？因为说话要有逻辑。比如，我想说三句话，第一、第二、第三，这样显得逻辑清楚。按照老师的方式再来点评下。

生B：第一，我觉得这个老师点评一针见血；第二，一点也不拖泥带水；第三，这位同学的建议很实用。

【教学解读：教学生清晰表达。从小学开始就应该培养学生分层、分点表达的习惯，这样的表达让人听起来清晰。由于这方面能力的阙如，不少中学生几乎不会清晰表达，他们的表达笼统，前言不搭后语。好的表达习惯是培养出来的。】

师：这是你的意见。还有没有别的组的要点评吗？你要点评吗？

生：不要。

师：为什么？

生：因为无话可说。

师：是好得无话可说，他是一个非常具有发现美的眼光的小男孩。点评得太完美了。这一组有需要点评的吗？

【教学解读：机智育人。当学生说"无话可说"时，表演的同学是很尴尬的。"五多课堂"强调尊重的文化，好的课堂一定是处处充满尊重的。此时反其意而用之，既保护了表演者，也告诫了点评人。】

生：很好。

师：（继续引导）好在什么地方？

生：建议很实用，他说可以把那个班报贴在墙上，这样就更加方便同学们去看。

师：刚才在提建议的时候，前两组说可以提高我们的写作能力，你看这个同学说的不一样，他说一周出一期，这是在说做一件事情具体该怎么做，也就是我的方法是什么。（板书：方法）那做一件事情的好处是什么？请这位同学再说一说好处是什么。

生：我觉得我办班报，首先是可以让同学们借鉴一下别人的作文，这样可以取其精华，去其糟粕。

师：等一下，慢一点。这是第一点，接下来说第二点。

生：第二点，可以让同学们把自己的作文贴在墙上，这样就锻炼了大家，把自己的成果展示给大家，可以提升同学们的胆量。

师：同学们，这是第二点，第二点是什么？

生：有胆量。

师：接下来是第三点。

生：第三点就是可以介绍同学们好的经验，这样就可以提高大家的表达能力。（学生回答问题后坐下）

师：第三点就是提高大家的表达能力，还有吗？（鼓励学生继续表达，

学生又站起来继续表达）

生：还有就是可以给同学们一个团体的感觉，因为班报是班上同学们一起办的，让大家学会团结合作，这是第四点。

师：一份小小的班报还可以有凝聚班级的力量，这是第四点，还有吗？

生：第五点就是这一份班报是周末办的，这样可以让大家周末在家的生活更有意义，不再像以前那样玩电子游戏、看电视、睡懒觉，可以干一些有意义的事情。

师：周末我们可以用这样的方式来互动，请坐。同学们，你看他一个人说了几点？

生：五点。

师：当我们在给别人提建议的时候，说一点好，还是多说几点好？

生：多说几点好。

师：三者为多，我们至少要说三点，刚这个同学说了五点。同学们你看，一组一组来，就发现一个特征：想要别人支持你，首先要干什么？

生：说出理由。

师：要表达自己做这个事情的什么？

生：目的、作用、方法。

师：要说几点？

生：至少三点。

师：对，至少三点。

生A：老师，我们还有一点要注意，那就是要从别人的角度去考虑，要尽可能思考别人有什么顾虑，帮他打消顾虑。并且告诉他，这样做有什么好处，对自己、对别人又有什么意义。尽可能让别人支持自己。

师：同学们，刚才有个小细节发现没有？是这个老师问的，她问了一句什么话？你再重复一遍。

生A：会不会影响你的学习呢？

师：同学们，这个女生完美地回答了，她在说话的时候，不仅仅考虑自己，还要考虑谁？

生：别人。

师：同学们，这是口语交际，一个人说话，还是几个人说话？

生：两个。

师：至少是两个。考虑到我在跟你说话，那么我在说话的时候不能够仅仅是表达我的意思。

生：还要考虑到对方。

师：你觉得对方一定会考虑什么？

生A：根据我对老师的了解，老师应该是挺支持的，因为对班上的好处也挺大，但我觉得老师也会有顾虑，毕竟我们现在都六年级了。

师：有个词你讲到了，写在黑板上。（学生上台板书：顾虑）同学们一定要考虑到对方的顾虑。作为老师还有哪些顾虑呢？想一下。

生：我觉得第一个顾虑肯定就是可能会耽误学习，上课的时间都会想着办班报。第二个顾虑就是担心我们办得不好，反而会把同学们引入歧途。第三个顾虑是有可能会占用同学们的时间，引起同学的不满。

师：同学们，刚才说了三点，第一点是有没有时间办，第二点是能不能办好，第三点是如果办不好，会不会影响其他的同学，或者影响班级的凝聚力等。同学们你看，作为老师来说，他有这样的顾虑，那么我们在说的时候应该要怎么样啊？

生：要消除它。

师：对，要把对方的顾虑消除，你要把老师的顾虑讲出来，对不对？下面我们要进行一个总结。首先要干嘛？

生：有礼貌。

师：其次要怎么样？

生：要有目的、作用、方法。

师：第三？

生：要消除顾虑。

师：要站在对方的角度去想问题。好，来看看我们的教材，第多少页？

生：不知道。

师：你们也不知道，我们这堂课，老师提前告诉你们没有？

生：没有。

师：让我们打开教材第 63 页，里面有个很重要的方法，请你来念一念。

生：假如现在你要去找老师，希望他同意你办一份报纸，并提供必要的帮助，想一想应该怎么跟老师交流呢？（1）礼貌诚恳地说明来意。（2）把办报纸的设想讲清楚，尤其是办报的目的，以及可能给同学们带来的好处。（3）设想老师可能的担心，想办法打消老师的顾虑。

【教学解读：解放学生在于自我发展。怀特海说："学生是有血有肉的人，教育的目的是为了激发和引导他们的自我发展之路。"何谓解放学生？答曰：学生自我发展。自我发展不是放任自流，而是在课堂里自由创造。好的课堂不是在上课，而是在生活，在思考，在创造。学生一边表演，一边点评，就是给学生创造思考的机会，营造自由的环境。老师的作用也体现在创造上，只有创造之老师，才能培养出创造之学生。当时，我心中已无教案，只有学生。然而，不得不说的是：解放学生，首先得解放教师，教师要懂得及时放手。懂得放手，也要放得下手。这要求教师不断提升专业素养，别无他法。】

师：你读完以后，同学们都没有掌声。（此时响起掌声）不，我讲这句话不是让大家给这位同学掌声，我是要分析同学们没有掌声的原因。

生：我知道，因为我很卡顿。（学生笑起来）

师：你看这是一个非常善于反思的孩子，我们要向他学习，及时地反思。你可以读得更好，慢一点，再来一遍。读得好，就及时给他掌声；读不好，掌声就更热烈一点。

【教学解读：帮学生化解尴尬。"五多课堂"处处体现机智，是其教学审美

特点。在这里我既指出了学生的不足之处，又给了学生鼓励，同时也教育了其他同学。】

生：（在鼓励下再读一次）假如现在你要去找老师，希望他同意你办一份报纸，并提供必要的帮助，想一想应该怎么跟老师交流呢？（1）礼貌诚恳地说明来意。（2）把办报纸的设想讲清楚，尤其是办报的目的，以及可能给同学们带来的好处。（3）设想老师可能的担心，想办法打消老师的疑虑。

师：自己感觉比第一次好一些吗？

生：不好。感觉像在唱读。

师：为什么？

生：没有为什么。

师：两次比较，这位同学，你觉得他第二次比第一次要好吗？

生：我觉得第一次更好，因为我觉得第二次读的时候，完全是一个字一个字地慢慢读出来的，而第一次读的时候流畅一点。我觉得慢不是一个字一个字地挤，而是要一个词一个词地读，像这样流畅地去读。（该生不自觉地朗读起来）

师：（微笑面对刚才朗读的学生）同学，你接受她的意见吗？

生：接受。

师：你像她这样再读一遍后面这一句，好不好？

生：不好。

师：为什么？

生：因为你刚刚让她读了，我没她读得好。

师：有个成语叫"见贤思齐"，什么意思呢？就是看到比自己优秀的人，我们要像他学习，做得跟他一样优秀。你有反思的精神，也要有善于学习的精神和勇敢的品质。按着她的方式再来一遍，同学们鼓励他，好吗？

生（一位男生）：加油！

生：设想老师可能的担心，想办法打消老师的疑虑。

师：怎么样？

生：可以，我觉得这一次读得还不错。

师：这一次就可以了，你感觉到这种心情是什么？

生：不知道。（不好意思地笑了笑）

师：他笑了，笑的心情就是好的心情。

【教学解读：关注学困生。每个学生的内心都需要被关注，尤其是学困生。遇到突发的情况，老师要及时给学生以鼓励，也许这一次鼓励就会点亮学生的心，让学生感悟到要有善于学习的精神和勇敢的品质。假如老师没有教育机智，而是强迫学生再读一次，那将是一场心灵上的灾难。】

师：接下来，同学们，口语交际，首先要干嘛？

生：跟别人说话的时候要有礼貌。

师：第二要干嘛？

生：注意目的、作用、方法。

师：至少要说几点？

生：至少要三点。

师：最后是什么？

生：打消顾虑。

三、学以致用，观点争鸣

◐ **教学意图**：学以致用，让学生熟练运用所学方法。

◐ **教学导图**：

师：还有两组没有完成，要不这样：我们还有五分钟的时间，把刚刚老师讲的再进行一次完美的口语交际的体现。你这一组做老师，你这一组做同学，你们就不要写了，直接口语交际。在跟别人说话的时候，我不能写好再跟别人说话，而是直接说的，反应要快。你们有没有这样的勇气呢？好，开始！

最后两组学生表演口语交际：

组1：老师，您好，您现在有时间吗？

组2：什么事？

组1：我想在班上做一份班报，您看行吗？

组2：可以啊，班报的名字是什么？

组1：就叫《小小作家》吧。

组2：你们是怎么设想的？

组1：我们可以把同学的作品贴在墙上，让同学谈谈自己的想法、经验，学习一下他的写作方法。你看这样可以吗？

组2：我觉得可以呀，同学们支持你们吗？

组3：我支持，我代表全班。

组2：大家支持的话就办一下试试，如果办不好的话就反思一下，及时收尾，改进了可以再来一次。

组1：好，谢谢老师。

师：同学们，请这个专业的点评专家来点评。

生B：第一点就是这两位同学进老师办公室的时候并没有敲门，对老师不尊重。

师：嗯，考虑小细节，小细节很重要。

生B：第二点，我觉得他们声音很洪亮，但是有点卡。

师：可能是他们看到老师有点怕。

生 C（刚刚表演学生者）：不是，那是因为我们两个人没有默契。

师：那第三点呢，就是这两位同学虽然没有默契，但是整体上一唱一和的，搭配得挺好。

师：还有吗？

生 B：第四点，我觉得第三位同学的话可以作为同学和老师之间的一个润滑剂，让他们之间的沟通更好，相当于这位同学可以不存在。（师生都笑起来）

生 C：那就是说我抢台词。

师：你看，他有一点委屈的表情，特别可爱。

生 B：第五点就是，可以在对话的过程中看到他的紧张，他声音很洪亮，但是很卡，他的想法因为紧张说不出来，也因为时间紧迫，现在实现不了他的愿望，可以等到课后再沟通。（响起掌声）

【教学解读：学生当老师。好的课堂，学生也是老师。多让优秀的学生当老师，一则可以让优秀者参与到学习中来，不要当了"陪读生"；二则让优秀者进行指导，促进教学。】

师：（微笑面对刚才表演的学生）你觉得你怎么样？

生：我做得一般般吧。刚上去的时候本来心里有些想法，但是因为时间的缘故，我就打消了那些想法。

生 A：我感觉个个对自己点评都是这样的客套话，其实觉得自己做得怎么怎么样，又不好意思说。说差，担心别人说自己差；如果说好，又怕别人说自己自夸。所以只说一个"一般般"，再把一般的点评词套上去就行了。

师：能不能把自己最真实的想法说出来，而不像成人那样客套？

生 B：我们可以不像成人那样有顾虑，很直接地说出我们内心的想法，但是我们要考虑到对方的顾虑，还要尊重对方，也要想到对方的想法。

师：同学们，听到没有？我们要说真话，但是真话并一定要说完，没说完一定是考虑到了对方的感受。我们点评的时候能说"你好差，差死了"吗？可以说你某些地方做得很好，如果这个地方改变一下也许会更好。这不是客套，而是对对方的尊重，十分地尊重。

生 A：老师，我觉得这其实也不是说什么客套话。我觉得说话当然是要说真话，有不足的要说出来，同时也要把你认可的点说出来，然后再用委婉的语气说你可以做得更好就可以了。我觉得这样就是委婉地说真话，也是说真话。

师：同学们，这个女生总结得非常好，这也是口语交际，其实点评的时候，也是希望你能支持我的想法，对不对？也想请大家来支持我的想法，是不是？来，你也可以把刚才这位女生的意见进行一下表达，可以吗？有点难度，不要紧张，小小男生最勇敢，加油！他说不出来的时候，别的同学可以帮他，我们是同学，你可不可以帮他？

生：可以。

师：好，来。

生 A：虽然是课堂，但是也想有一点自己的观点存在，也希望大家能够认可自己的观点，然后多多鼓励。

师：这是非常委婉的一个方式。（对另一位同学）好了吗？可以说了吗？

生：没想好。

师：好，没事儿，你可以现在说，也可以下课之后说，你选择哪一种？

生：我还是有点没有想好。

师：好，凡事想好再说。因为时间关系，你先想，我们下课之后再说。同学们，我们这一节课的主题是请支持我办一份班刊或班报，刚才同学总结了：首先你要尊重对方，尊重是第一位的；然后要及时地肯定别人的优点，再委婉地提出缺点加以改进。就是这么一个方式。由于时间的关系，不得不说再见了，同学们再见。

生：老师再见。

（生 A 冲着老师微微一笑离开了会场。）

【教学解读：当学生听错了，不妨将错就错。身着运动服的那位女生，其实是在说自己点评自己的时候很客套，而那位擅长点评的学生听错了，听成了点评别人时很客套。这时，老师要指出错误呢，还是顺着说呢？此处的环节甚是考验人。我是顺着错下去的，因为考虑到点评的艺术问题，同时也涉及为人问题。有趣的是，那位身着运动服的女生又把话题拉了回来，重新阐述了自己的观点：委婉地说真话。我趁机抓住这次机会，鼓励那位表演的男生，兼顾了两者。整个过程正是教育资源的再开发。点评也是一种口语交际，让语文走向了生活。】

第三节

语文学习育人

——《念奴娇·赤壁怀古》课例解读①

一、设置情境，任务驱动

◉ **教学意图**：受《中学语文教学参考》编辑部之邀在"第三届新教材教学研讨会"上做如何落实学习任务群的专题讲座，讲座前去学校调研，发现不少老师对学习任务群比较迷茫，于是，有了这节课的尝试：在具体情境里，学生们用语文的方式去解决问题。

◉ **教学导图**：

师：今天我们举办一场"学朗诵"《念奴娇·赤壁怀古》研讨会，研讨会内容如下：

1.先推举一位同学上台朗诵，开启本次研讨会。

2. 请大家点评朗诵，同时也提出对全词理解的困惑之处，或者思考朗诵处理有难度的地方。

3. 同学们对这些问题展开讨论。

4. 研讨会结束前请一位同学背诵全词。

（两位同学举手上台，分别把词的上下阕抄写到黑板上，其他同学在下面抄写，并思考在理解这首词时都有怎样的困惑，老师巡视课堂。）

【教学解读：基于问题设情境。教学情境设置首先要考虑是否真实，其次要考虑是否可行，最后要考虑是否有效。学生须在真实的情境下，在有可能的基础上去解决问题，提高自己的语文素养，实现教学的有效性。"学朗诵"这个研讨情境，是基于解决学生问题的情境，也是立足于单元目标的情境。】

师：刚才请同学上台抄写课文时，两位同学热情地举手，这种积极主动的学习态度特别让我感动，现在我们要请一名同学上台朗诵课文，会不会有同学举手，让我再感动一次呢？

（学生沉默。一男生举手，自信地走上讲台，同学们鼓掌。）

生：大江东去，浪淘尽，千古风流人物……（朗读语气平淡、低沉，波澜不惊。）

师：（微笑着鼓励）现在请大家来点评这位同学的朗诵。好，这位举手的女生，你来点评。

生：他的朗诵有一个错别字。

师：哪个错别字？是读错了音还是错别字？

生：读错了音，"羽扇纶（guān）巾"他读成了"羽扇纶（lún）巾"。

师：哦，"纶"读错了，这个字是什么意思啊？

生：（齐答）青丝制成的头巾。

生：还有一个读错的字，应该读成"一尊还酹（lèi）江月"。

师："酹"是什么意思啊？大家找到注解。

生：（齐答，声音洪亮）将酒洒在地上，表示凭吊。

师：除了这两个字，还有没有读错的字？

生：应该没有了。

师：还一个字也读错了，大家发现没？"雄姿英发（fā）"，他读成了？

生：（齐答）fà。

师："雄姿英发"的"发"是勃发的意思，而"早生华发（fà）"的"发"是"头发"的意思，前者是动词，后者是名词，我们朗诵时首先要读准字音，也要认真听别人朗诵。

生：朗诵的节奏还有几个地方没把握好，比如说"大江东去"中间应该停顿一下。（羞涩地示范：大江/东去，浪/淘尽……）

师：哦，是读快了还是读慢了呢？

生：应该要读慢一点，气息要稳一点。

师：（微笑，赞许）你是站在朗诵的艺术角度点评的，还有哪些建议呢？

生：我觉得读这首词的人，声音要低沉醇厚一点。

师：也就是说，从音色的角度，这首词需要一个醇厚的声音来读，会更有韵味些，是吗？（学生笑）

师：（微笑，鼓励）刚才这位女生点评了朗诵，有没有男生再来点评一下，或者是上来再朗诵一遍？

（学生沉默。一男生在老师鼓励的目光中犹豫着举手，同学们鼓掌。）

师：你是点评还是朗诵呢？

生：（羞涩）朗诵。

师：还是朗诵好，点评可能会得罪人是吗？（老师笑，学生亦笑。）

（男生上台朗诵，声音还是平淡喑哑。）

师：看来朗诵的难度还是很大的，要不老师也来朗诵一遍给大家听，好不好？朗诵得好与不好都给我鼓励一下啊。

（学生笑，期待地望着老师。）

师：大江东去，浪淘尽，千古风流人物。故垒西边，人道是，三国周郎赤壁。乱石穿空……（醇厚激越地示范朗诵，在音色、音高、音阶和停顿、节奏、音律的艺术处理中，生动再现作品的画面、情境和情感脉流。）

（学生敬佩激动，掌声久久不息。）

师：同学们的掌声很绵长啊，老师朗诵和同学们朗诵的差别在哪里？现在大家也来点评一下老师的朗诵好吗？（学生情绪激昂，纷纷举手。）

师：这位同学（指第一位朗诵的男生），请你来点评一下。

生：我觉得老师朗诵的声音比较大，情感丰富，节奏有着鲜明的特点，朗诵因为诗句的感情而有着相应的变化。

师：（赞许，鼓励）这是一位非常善于分析总结的同学，他的概括能力特别强，就把朗诵的要旨说到位了。今天这节课我一定会让你朗诵好，可不可以？有没有信心？（男生兴奋地点头）

师：老师这样朗诵，是因为对这首词的理解相对而言好一点儿。同学们现在对这首词的理解还有哪些困惑，都提出来，我们理解了之后再朗诵。

（学生思考，老师巡视课堂，亲切交流。）

【教学解读：学习真实发生。这是我借班上课的一个班级，学生朗诵能力很是缺乏。基于学情，设置学朗诵这个情境任务，把学生带入学习的高涨情绪中：因为这样的情境学生感兴趣，这样的任务对学生有用，他们能学到真正的知识与本领。以学朗诵驱动教学，但教师不是灌输朗诵的死知识，而是让学生的学习真实发生：在学生暴露问题后，及时指导改进，尤其是我的朗诵示范起到了非常好的教学效果。一个不会朗诵的教师，怎么能教会学生朗诵呢？教育部前新闻发言人王旭明先生听完我朗诵的《蒹葭》后在朋友圈留言：真正的语文老师要有朗读能力。是啊，语文老师一定要培养自己的朗诵能力。此环节，也给我们一种启示：学生暴露问题，教学才能真实发生。课堂的最高境界，其实就是人的最高境界。要让学习真实发生，教师首先要做个真人，人真，言才诚；言诚，学生才敢去展示，才不怯于暴露问题。】

二、问题激活，共同研讨

◑ **教学意图**：通过学生提问的方式去解决难题。此环节，可以更好地了解学生的认知水平，培养他们独立思考与朗诵的能力。

◑ **教学导图**：

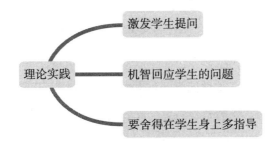

师：接下来请有疑惑的同学表达自己的疑惑。

生：诗人既表达了"雄姿英发"的慨叹，又表达了年华老去、"早生华发"的悲伤，又有"人生如梦"的感叹，诗人究竟是想表达什么情感？

师：也就是说，诗的下阕到底如何理解？（学生点头）好，请坐下来。你的问题是怎样的？（指另一女生）

生：我想问，"遥想公瑾当年，小乔初嫁了，雄姿英发"这一句话表达了诗人什么情感？为什么要提到"小乔初嫁了"？

师：已经有两个问题了，还有同学提问吗？（学生相顾沉默）

师：诗歌中真是处处有值得我们深究的地方，比如说，三国赤壁，有多少风流人物呀，为何苏轼偏偏写了周郎，而未提及其他英雄呢？正如我们写文章，为何要这样取材而不是那样取材呢？这样的问题，都是善于思考的同学发现的。我们要养成善于思考问题的习惯。

【教学解读：激发学生提问。多让学生提问，并不是要老师放手不管，而是要因势利导进行激发。如果学生的问题是零散的、感性的，甚至有点模模糊糊，老师就要在学生的基础上点明、点透，让问题明了不乏理性。第一个提问的学生，其实就是对词的下阕不理解，所以才有了零零散散的困惑点，但这些困惑点恰恰就是理解下阕的关键所在。此时，老师的教就体现在对学生问题进行学理分析后的提炼与概括。如果学生难以提出问题，不妨给他们搭桥，用老师的问题去激活学生的问题。】

（一女生忸怩举手，声音细弱。）

生：老师，我有一个问题。诗人既然缅怀周瑜的"雄姿英发"和丰功伟绩，为什么不借此来激励自己，从而抒发建功立业的壮志豪情，却悲叹"人生如梦"呢？

师：（惊喜，赞叹）这位同学问得真好，思考很有高度啊！同学们，什么样的问题是好问题？能触动我们思维深处的神经，能击中我们内心最柔软的地方，能让我们眼前一亮、豁然开朗的问题就是好问题。这个女生做得真好！我们这节课就通过朗诵来集中解决这个大问题。

【教学解读：机智回应学生的问题。好的教育，在于对学生的问题做出及时的机智的回应。学生的问题体现了极高的思维水准，对此，老师要有过程评价，而不是笼统地说："好，好，好！"教学实践证明：老师的正面评价，会激发全体学生的提问积极性；让学生多提问，首先要鼓励学生敢提问。】

师：这首诗缅怀了周瑜，在怀古诗里这是用了什么手法？

生：用典。

师：那么开篇应该怎么读啊？（指向第一位朗读的男生）还是你来读。

生：大江东去……（男生第二次上台，声音响亮，节奏短促。）

师：嗯，你现在朗诵声音大一些了，气息也足了许多，但是你读的"大江"不像是大江，像小溪。"大江东去"是什么感觉？不是小溪潺潺，慢慢地流淌，也不是突突、突突地好像要断流，而是波涛汹涌澎湃，滚滚东去。再朗诵一遍。

（师双手奋力前推，做奔涌之状。）

生：大江东去，浪淘尽，千古风流人物。（男生第三次上台，随着老师起伏高低的手势节拍，气势充沛地朗诵。学生纷纷跟读，气氛激昂。）

师："故垒西边，人道是，三国周郎赤壁"这一句是介绍故事场地的叙述语言，我们用从容平稳的语气来读就可以了。

（学生齐读，节奏分明。）

师："乱石穿空，惊涛拍岸，卷起千堆雪"又该怎么读呢？

（学生期待地望着老师。）

师：同学们是不是在这句诗里看到了一幅画面？是怎样的画面呢？

生：陡峭的山崖高插云霄，惊涛骇浪猛烈地拍击着江岸，卷起千万堆澎湃的雪浪。

生：这是很激烈的画面，语速要快一点，声音要实一点。

师："穿空"要怎么读？语气是上扬还是往下走？乱石——（右手极力上举）

生：穿空！

师：惊涛——（双手奋力前推）

生：拍岸！

师："卷起"是上扬还是下沉？卷起——（在半空画一个优美的弧线）

生：千堆雪！

（学生纷纷诵读，在老师舒展优雅的手势节拍里，准确地捕捉着节奏，和着诗歌内容调整音调，情绪激昂。）

师："卷起千堆雪"，"雪"字不要读得那么急促，一急促就会被迅速带过，吐字要稳，要准，要清晰，读出"上声"那种抑扬的感觉来，读出惊叹的感觉来，这样画面感就更强烈了。朗诵也是一种艺术，和绘画、音乐是相通的。

师："江山如画，一时多少豪杰"这一句又该怎么读？（板书"画"的读音"huà"，做舒展的手势，范读。）江山如——画，不要读快了，读"画"字时大家的口腔要充分打开，读的时候节奏要舒缓悠扬，沉醉其中，江山如画的美感就出来了。这位女生（指刚才第三个提问的女生），你来读一读。

第五章 "五多课堂"课例解读

生：乱石 / 穿空，惊涛 / 拍岸，卷起 / 千堆 / 雪。江山 / 如画，一时 / 多少豪杰。

师：大家觉得她读得怎么样？

生：好！（掌声）

师：理解了之后再来读，声音、节奏处理就好多了。虽然还有一些字发音不标准，但朗诵的气度是出来了。

师：现在请那位男生，你来背诵上阕，然后大家一起来背诵课文。

（男生第四次上台，声情并茂地背诵，同学们鼓掌。）

师：同学们，这个同学已经越读越好了。我们要善于学习，认真学习，就能学好。做事情啊，只要你愿意学，慢慢来，都会有进步，要树立这样的信心。大家一起来背课文。

（学生齐背课文，激情洋溢。）

【教学解读：要舍得在学生身上多指导。"看得见进步的课堂"首先是让作为个体的学生有进步，这需要诲人不倦的精神，男生四次上台一次比一次有进步，正是积极指导的结果。在指导朗诵的时候，其他学生要跟着学习，这样的指导才有普遍价值；否则，他们就成了一群陪读生。此环节教学另外一个亮点就是：朗诵指导很具体，学生看得见、听得清、感受得到。老师用手势表达语气的升降让学生看得见，通过范读让学生真实感受，通过联想画面置身其间以调动朗诵情绪。总之，朗诵指导不是光讲抽象的技巧，而是要跟着文字走，在朗诵过程中去指导朗诵。最后，值得一提的是：朗诵之外，也要背诵。】

三、立足问题，有的放矢

◉ **教学意图**：以学生的问题营造教学磁场，让学生在问题中展开对话，提升思维品质，感受苏子独特的人格魅力。

◉ **教学导图：**

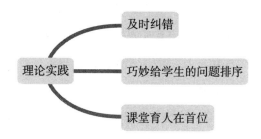

理论实践 — 及时纠错
理论实践 — 巧妙给学生的问题排序
理论实践 — 课堂育人在首位

师：《吹剑录全编》里有记载，苏东坡问一个人："我的词和柳永的词有什么区别啊？"那人回答说："柳郎中词，只合十七八女郎，执红牙板，歌'杨柳岸晓风残月'；学士词须关西大汉，铜琵琶，铁绰板，唱'大江东去'。"刚才大家朗诵的声音也充分体现了豪放派词作的特点。同学们，一个英雄的出场是有情境的，这个情境是怎样的？

生：壮观。

生：宏阔。

师：我们要给英雄出场一个什么镜头？

生：特写。

师：奔腾不息、汹涌倾注的大江与功勋卓著的千古风流人物联系起来，广阔而悠久的时空背景下，诗人屹立江边，自然是心潮起伏激荡。这是一个气势磅礴的情境。这是豪放派诗词的特点，朗诵的时候我们就要读出这种恢宏壮阔的气势来。

师：接下来我们先研究第二个问题，为什么要写"小乔出嫁了"？中国诗都有表意含蓄的特点。如果像这样直白——"遥想公瑾当年，真的好厉害"，这还是诗词吗？（学生大笑）于是，苏轼说"小乔初嫁了"，这是为什么呢？这和我们中国古代文化有关系——

生：英雄配美人，初嫁，衬出那时的周瑜很年轻。

生：衬周瑜的意气风发，英雄气概。

生：家庭幸福，功业卓著。

（老师发现有学生拿出参考书在翻，紧蹙眉头。）

师：同学们，思考问题先不要去找参考书，我们要透过文字去想。苏东坡在古赤壁唯独缅怀周瑜，而且特别突出"小乔初嫁了"，此时的苏子又在哪里呢？他又是怎样的境况呢？

【教学解读：及时纠错。真实的学习是素朴的，也许有着很多缺陷和不完美。真实的学情存在太多的不可预见和无限可能。老师尊重学生学习的真实发生，让课堂自然地随着学情而灵动舒畅地流转。老师置身学生中，时刻观察着学生，营造自由和谐的课堂氛围。课堂上，当发现有学生拿出参考书在翻时，要及时纠正学生，力求在文本理解中养成独立思考的习惯。"五多课堂"主张及时纠错。】

生：苏轼因乌台诗案，被贬黄州。

生：孤零零一个人，没有亲朋在身边，妻子死去。

师：苏子写这首词是哪一年？当时他是什么年纪？

生：将近半百。

生：写于1082年，当时45岁了。

师：他心爱的妻子王弗在1065年过世，苏东坡在1075年写下一首感人肺腑、催人泪下的悼亡词《江城子》，"十年生死两茫茫，不思量，自难忘……"同学们，苏子写"小乔初嫁了"，是为了什么呢？

生：对比，突出自己的处境凄凉。

生：周瑜雄姿英发，我早生华发。

生：周瑜少年有为，少年得志，功业显著，我被贬黄州，年华老去。

师："问汝平生功业，黄州惠州儋州。"苏东坡写周瑜，实际上是在写自己。一个痛失爱妻、贬谪失意的苏子，想到周瑜的意气风发，自然是——

生：悲伤。

师：这儿要读得悲伤吗？

生：是羡慕。

师：对，应该是心驰神往的，但这样的羡慕，又形成了一种强烈的对比，所以这一段我们该怎么读？大家一起来读。

（学生齐读，带着艳羡、陶醉的神情。）

师："羽扇纶巾，谈笑间，樯橹灰飞烟灭"这一句，大家要用声音展现战争的杀伐气和周瑜指挥若定、运筹帷幄的儒将气度。声音要激越雄壮，节奏要潇洒铿锵。一起来读！谈笑间，樯橹——

生：灰——飞——烟——灭！

（老师示范，学生纷纷跟读，忘情投入。）

师：我们现在来理解一下第一个和第三个问题，其实它们可以归类成一个问题，那就是对"人生如梦，一尊还酹江月"的理解。林语堂在《苏东坡传》这本书里写道："苏东坡是一个不可救药的乐天派。"从苏子的诗句中，我们看到的苏轼是这样的："谁道人生无再少，门前流水尚能西！休将白发唱黄鸡"；"酒酣胸胆尚开张，鬓微霜，又何妨"。他一生连续多次遭贬，直至生命将要落幕，从天涯海角的海南放归，他仍说："九死南荒吾不恨，兹游奇绝冠平生。"在他眼里，九死一生的贬谪苦旅竟成了平生最奇绝的一次漫游。结合刚才同学提的问题思考，为何苏轼不是由周瑜的典故自然地激发豪情壮志，而是发出"人生如梦"的感叹呢？这句诗到底是什么意思？

【教学解读：巧妙给学生的问题排序。"多让学生提问"是开启课堂的重要环节，不少老师跟我交流说，学生的问题提出来之后，是不是要按照先后顺序来解答？通过刚才的教学环节，我们不难看出：根据课文与实际需要，老师要给问题合理排序。问题可以遵循从简单到复杂的原则来解决，可以按照课文的逻辑顺序来解决，可以把问题归纳成一个主问题重点突破……】

生：我觉得这里不是悲叹，是诗人的劝慰。

生：是豁达，解脱。

生：是积极的情感。

师：有人说，苏子是以佛治心，以道治身，以儒治世。（板书呈现）杨子怡教授说，苏子是儒、释、道的结合体。穷则独善其身，达则兼济天下。当怀才不遇时，不忧郁，而是回归释、道的精神家园，寻得心灵的洒脱。于是诗人说——

生："人生如梦"！

师：为什么说"人生如梦"啊？你看，大江东去，多少风流人物湮灭于尘土，如今周瑜可还在？

生：不在！

师：所以"人生如梦"！但谁还在啊？

生：我！

师：我在，我肯定在！（学生大笑）

师：谁还在啊？这江还在——

生：月还在！

师：生命何其短暂，又何必去计较那些荣辱得失、悲欢离合呢？唯有这大江和明月是——

生：永恒的！

师：对，月，有思念，有高洁，还有永恒的文化内涵。于是诗人说"人生如梦，一尊还酹江月"。在这些诗句里，我们看到了一个豁达、洒脱而又永远热血沸腾的苏轼。现在同学们在理解课文的基础上诵读和背诵课文。

（老师把学生的抄写擦掉，只剩下"人生如梦，一尊还酹江月"，学生齐背课文，情绪高涨，声音激昂。第一个诵读的同学第五次上台，自信而又激情示范诵读。）

师：最后一次朗诵，又上了一个台阶。（学生大喜）诵读是建立在理解内容的基础上的，你的情感基调是跟着文字走的，作者的喜怒哀乐就是朗诵者的喜怒哀乐。当然，朗诵也要有技巧，声音和气息的控制是要长期训练的，作为学生，我们用自己的声音自然而准确地把文字表达出来，就是好的朗诵。

读音标准，吐字清晰，声音洪亮，轻重缓急的艺术处理，这些都是"技"，而"道"就是理解文本。

师：当然，我今天更想和同学们说的是，人生有时候可能真的如梦，但是，不管你失意还是得意，要像苏东坡一样，永远那么乐观，那么洒脱，那么豁达。在你悲观时，不要难受，没有什么比生命的洒脱更重要的了。同学们，这是苏轼留给我们的生命启示和哲学意义，我们一起像苏轼一样乐观积极地学习和生活。下课！

生：谢谢老师！老师再见！（留恋不舍，掌声如雷。）

【教学解读：课堂育人在首位。真实的课堂不仅有外在技艺的熟练，更有内在人格的完成。课堂的第一要义是育人，以课文所载之道育人——语文学习育人，于教学过程之中育人——教学过程育人。这堂课，首先考虑的应该是课文的处理问题，换言之，这篇课文可以带给学生什么？显然易见，要学习苏子豁达、乐观的精神，以及对人生的彻悟。育人不能靠灌输，而要在语文学习中实现。所以，在课堂里，基于朗诵对画面的再现，对情感的演绎，学生们看到苏子立于赤壁之上，将中国文化里的儒、释、道三家实现深情而诗意的交会。要引导学生在理解文本的过程中，不仅看到对人生短暂、胜景难再、英雄湮没于尘土悲叹的苏轼，更看到一个跳出个体生命的局限，在时间的长河里寄怀永恒江月的豁达、洒脱而又永远热血沸腾的苏轼，从而在教学里实现人生领悟与人格培植的生命教育，这就是语文学习育人。那位五次登台的男生，在我的鼓励下一次次在超越，最后完成了华美转身，这样的生命激励，于他而言终身难忘，这就是教学过程育人。后来，听学生的语文老师说，这位男生在以后的课堂上表现特别积极，非常喜欢语文。此节课，最大的遗憾是：自己抛出的问题"为何要写周瑜，不写别的英雄"没有深入探究。课堂上，我们极有可能会顾此失彼。所以，课堂上要时刻提醒自己不要忘记学生说过的话、自己要做的事。】

教学过程育人

——《古诗两首》课例解读①

一、抄写诗歌，学生评价

◐ **教学意图**：从学生的抄写情况入手，了解学情，生成教学内容。（两位同学抄写《竹石》，一学生把"青"写成了"清"。）

◐ **教学导图**：

师：上课！

生：起立！老师您好！

师：同学们好，请坐。

生：谢谢老师。

师：今天我们趁这个机会，用一节课来学两首诗，一首是《竹石》，一首

① 课堂实录由"春来咏语"教研团队刘苏老师整理。

是《石灰吟》，看我们能不能挑战成功。刚才请两位同学到黑板上把《竹石》这首诗抄写了一遍，我们来看一看，让同学点评点评。

师：咱们是由两个班组成的，一个是六（1）班，一个是六（2）班，六（1）班的同学举手，我看看。（学生举手示意）剩下就是六（2）班的。我看今天这两个班哪个班的同学表现得最好。来点评点评，首先请六（1）班的同学点评，（1）班同学有没有代表？哪位同学？（一位男生举手）

师：这位男生。

生：《竹石》这首诗，他写的字歪歪扭扭，他写得不工整。

师：嗯，可以。六（2）班的同学也选一个代表。（一女生举手）

生：有一首是我写的，字有的大、有的小，写得有点歪，有点不美观。

师：请坐下。这位女生自己评价自己，说得特别中肯，说明她是一个善于自我反思的人，也是一个善于发现自我的人。（生笑）

师：难道没有一点值得别人学习的地方吗？（稍作停顿，给学生思考的空间）我们在点评的时候是直接看到别人的问题，还是先来说一说别人的优点？你来说一说好不好？

生：他们两个写得虽然不美观，但可以看得清楚。

师：这是一个优点，还有没有第二个优点？

生：我真的不知道。（众生笑）

师：人家做事，我们评价容易，但现在咱们评价也不容易啊。我们试着发现人家的优点好不好？第一个，刚才我本来让一个男生上来的，他说"不去，不去，不去，我，我很害怕，我不敢去"，但这两个女生，都勇敢地到讲台上来了。我觉得这是勇敢的孩子，是值得大家学习的，值得我们表扬的，所以咱们要怎么样？（学生自发掌声鼓励）

师：对，值得我们学习！第二，那位女生，我觉得是有优点的。为什么有优点？她能够自我反思。每一个人啊，都要具有反思的精神。第三个优点，刚刚说了，看得清楚。很多同学写字都看不清楚，我就不展示咱们字写得潦草的同学的字了，但是我要展示一个字写得特别工整的同学的，我来找一下有没有字写得特别工整的。相对来说，这个小男生的字写得比较好，同学们要向他学习（举起小男生的本子）。再来看不足，你们说的不足是有点歪歪扭扭，但是还有几个地方有问题，同学们发现没有？（学生看黑板）

师：仔细看诗，"咬定青山"的"青"是颜色，"青山"的"青"错了。有一个成语叫"山清水秀"，就是这个"清"。（板书：山清水秀）老师的字写得不好看，因为小时候没有练字，我是一个反面教材，所以从小要养成写好字的好习惯。"清"是清幽的意思，这个"青"是颜色，所以要改过来。

师：再看，还有一个问题——没有标点符号，我们要写上标点符号。这时候我们发现，当我们要评价别人的时候，先要评价优点，然后再说别人的不足。评价别人的目的是什么？是为了让别人改正，变得更优秀更好，这就是一种美德。同学们，所以以后我们要学会一种评价，那就是？这位同学（老师旁边的一位男生）来补充，进行一下总结归纳。

生：先说出他人的优点，再说出他人的缺点、不足。

师：目的是？

生：改正，变得更优秀更好。

师：以后在生活当中也是这样，不要动不动就说这个不行，那个不行，一定要从别人身上学习到他的优点。重要的事情老师要说多说一遍：如果要说别人的缺点，就是为了让别人改进，让别人成为更好的自己。（学生齐说）

【教学解读：教学过程育人。"五多课堂"主张：学科学习育人与教学过程育人。教学中，大多数老师只关注他们所教的内容，殊不知课堂是育人的生命场，时时都有育人的契机。本环节最突出的特点，甚至说这节课最重要的特征就是：教学过程育人。（1）学生评价时育人。当一位女生点评自己"写得有点歪，有点不美观"时，我及时表扬这种反思精神。反思是一种美德，此位学生的言行就是最好的教育。（2）教学生评价时育人。教学生点评时应该先看到别人的优点，再看别人的缺点，说缺点是为了更好地促进别人进步，这就是生命的教育，人生观、世界观的教育。在学生孩童时就给他们种下一颗颗真善美的种子。教育不是空洞的说教，而是借助相关的条件因势利导。（3）巧借学生错误育人。学生把"青"字写错，抓住这个机会教学生"山清水秀"，在知识积累上育人。（4）教师自我反思育人。把自己当反面教材，告诉同学们从小要练字，达到一种育人之效。好的课堂一定是眼里有人的课堂，我们要敢于舍掉知识，把人摆在第一位。不过，此环节值得反思的是：由两个班临时组合而成的班，我们是告诉他们合作重要，还是竞争重要呢？似乎在这方面，并没有起到一种很好的引导。】

师：（手指着黑板）"燮"这个字读什么音？

生：xiè。

师：一定要注意读音。他是什么朝代的人呢？

生：清朝。

师：这个字，我跟大家讲一下是怎么写的。你看他写得就不清楚（手指黑板上学生的字）。它是一个会意字，什么意思呢？两边是火，中间是言，下面是又（示范写），用言语调和，这个字本义就是"调和"的意思。可以做笔记。

【教学解读：追本溯源教识字。从汉字的本义去教学生识字和写字，尤其是在学生写不好的情况下去教，这样教才会出效果。】

二、自由朗读，思考问题

◑ **教学意图**：提供自由环境，让学生深度思考。

◑ **教学导图：**

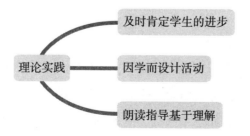

理论实践
— 及时肯定学生的进步
— 因学而设计活动
— 朗读指导基于理解

师：我们请同学来把这首诗有感情地读一遍，（1）班来一位，（2）班来一位，好不好？谁自告奋勇？

（一生举手示意朗读，很生涩，不流畅。）

师：（2）班同学评价好不好？请坐下，（2）班的同学评价。

生：我觉得他念的时候，感情非常坚定，但是分段有点怪怪的感觉。

师：分的节奏好像不是那么到位，对吧？那你试着读一遍。

（该生朗读，声音洪亮，但不流畅。）

师：刚才这位读了一遍，有哪个同学愿意来评价？

生：每个字都特别有感情，但就是连不起来，不贯通。

师：哦，有感情但不是很连贯，还有吗？（稍作停顿）刚才听了评价我特别的开心，大家评价的时候意识到这个原则：先说别人的优点，然后指出不足。

【教学解读：及时肯定学生的进步。学生已学会如何去评价，老师就要及时给以肯定。教育需要提醒。】

师：为什么会出现不连贯的情况呢？主要是大家对这首诗不太懂，所以读起来就这样，要么是情感不到位，要么是情感到位却不那么连贯。接下来同学们自己读一读，读的时候请思考对于这首诗还有什么地方没有读懂。我期待同学们自己思考之后，能提出几个问题。

（生自由朗读，师进行个别指导。）

师：好，刚才我私底下到同学们旁边去问了一下，很多同学都说大概懂啦。还有没有疑问呢？我问了半天，这个小男生说有一个疑问，什么疑问呢？你说。

生："千磨万击还坚劲"中的"还"读什么？

师：刚才有同学读成 huán，还有人读成 hái，这个字在古代的时候把它读成 huán，但是现在读成 hái 也是可以的。像"数风流人物，还看今朝"，有人读"还（hái）看今朝"，有人读"还（huán）看今朝"。在这里可以把它读成 hái，请大家把拼音标出来。还有一个字"劲"，它如果是形容词就读成后鼻音，如果是名词就读成前鼻音。你把这个字的拼音标出来吧。（把粉笔递给学生）

师：标两个，还有这个。是前鼻音还是后鼻音？它如果是形容词就读成后鼻音，如果是名词就读成前鼻音。那么"千磨万击还坚劲"是什么意思？

生：无论你怎么折磨它，它还是很坚劲。

师："磨"是磨砺，"击"是"打击"，不管你怎么折磨、打击我，还是很坚劲。这时候应该是一种怎样的情感？

【教学解读：因学而设计活动。学生朗读处理不好，是因为对诗歌理解不到位（当然，理解了也不一定能读好，这是另一种情况了），于是让学生自由朗读——独学，认真思考。对于"还"的读音，有争议，但由于是小学生，可以不做高要求，根据诗歌的意思来推断读音即可。】

生：是很坚劲的。

师：所以我们要读出坚劲！（示范读）

生：千磨万击还坚劲。

师：理解了，情感就出来了，再来一次！

生：千磨万击还坚劲。（语势比上一次强）

师：再来一次——

生：千磨万击还坚劲。（语势越来越强，很有震撼力。）

【教学解读：朗读指导基于理解。在理解"千磨万击还坚劲"的基础上，指导朗读"千磨万击还坚劲"就容易多了。"五多课堂"提倡高声诵读，由此可见一斑。】

三、学生提问，共同探讨

◉ **教学意图**：通过学生提问，实现互学帮学目标。

◐ 教学导图：

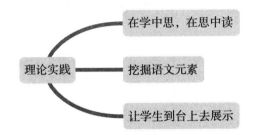

理论实践 —— 在学中思，在思中读

理论实践 —— 挖掘语文元素

理论实践 —— 让学生到台上去展示

师：这次懂了吧，还有没有问题？

生：为什么"咬定青山不放松"要用"咬"？

师：这问题问得很好，为什么说"咬"呢？可不可以"抓住青山不放松"？为什么是"咬"？"抓"可不可以？是抓不住吗？有同学能解答吗？你们可以交流讨论一下，想清楚再回答。（学生讨论）

生：因为竹子没有手啊。

师：那竹子也没有嘴啊，按照你这个逻辑。继续想。

生：运用了一个手法。

师：用了一个手法，什么手法啊？

生：拟人。

师：同学们，只要你多想一想就能够知道。用了拟人的修辞手法，很好。继续想，"咬"的感觉是怎样的？我咬你，咬的感觉是怎样的？

生：痛！

师：痛是一方面，还有呢？

生：抓着不放。

师：还有呢？

生：坚定。

师：坚定！抓的力气大，还是咬的力气大？

生：抓的。

师：哪一种勇猛一些？

生：咬！

师：是咬要勇猛一些吧！这个"咬"说明竹子怎么样啊？

生：坚定。

师：请把话说清楚，什么很坚定？

生：竹子。

师：竹子的什么很坚定？

生：咬很坚定。

生：意志很坚定。

师：怎样的意志很坚定？竹子在哪里？

生：在青山。

师：是在青山，在青山的什么地点？

生：悬崖。

师：哪里？立根原在破岩中，它在这里，我们看到的竹子一般在哪里啊？

生：在山上。

师：那个环境怎么样呢？非常的湿润，对不对？很多——

生：水。

师：而现在它在哪里？

生：破岩中。

师：环境怎么样？

生：恶劣！

师：竹子要想在这样的环境当中生存，要怎么样？

生：要坚强。

师：这里用了一个字，那便是"咬定"的"咬"。咬定什么？读！

生：咬定青山不放松，立根原在破岩中。（学生齐读，声音洪亮。）

师：它还怎么样？

生：千磨万击还坚劲。

师：它在破岩中，是怎么样的？是怎样一种状态？

生：咬定。

师：有一种什么样的精神？

生：坚定。

【教学解读：在读中思，在思中读。高声朗读的作用在于激活思维，尤其是齐读营造一种在场感。当然，朗读最好是个人读，但偶尔的齐读也是有意义的。对于"咬"与"抓"的比较，引导得还是不够深入。比方说"咬"与"抓"都是用了拟人，老师当点明。】

师：再往下走啊。

生：任尔东西南北风。

师："尔"是什么意思啊？

生：你。

师：在古代汉语中是你的意思。任你东西南北风怎么吹我，怎么击我，我都还是坚劲的。你看它的环境在哪里？

生：破岩中。

师：它还怎么样？

生：受到东西南北风的击打。

师：这显示出它很？

生：坚定。

师：刚才我们说，这竹子特别的坚定、强劲，我们还可以读出什么？任尔东西南北风！是坚定，但还可以读出一种气势。

生：我还是很坚定。

师：可以读出坚定，但除了乐观、坚定之外，还很潇洒。

生：任尔东西南北风。

师：潇洒的感觉没出来。（范读）任尔东西南北风！

生：任尔东西南北风。

师：再潇洒一点啊！

生：任尔东西南北风。（声音上扬，一字一顿，颇有气度。）

师：嗯，这里是坚劲的感觉（手指"千磨万击还坚劲"），这里是潇洒的感觉，随便你怎么样，任尔东西南北风，潇洒！

生：任尔东西南北风！

（生再次齐读全诗。）

师：接下来我们把这首诗再完整地朗诵一遍好不好？

（生齐读。）

师：你觉得怎么样？

生：少了点潇洒。

师：你来读。

（生读。）

师：怎么样？后面潇洒的感觉可以更加浓一点，可以一字一顿（任尔东西南——北——风），读出潇洒的感觉。你再到台上来！（把学生请到台上）

（生读完，响起掌声。）

师：再来一个。

（一生举手朗诵，有点胆怯，潇洒的感觉没有出来。）

师：后面还是要潇洒一点的感觉，再来一次！

（生还是胆怯，声音很细。）

师：我们更加自信一点好不好？我们平时上课的时候也要多到台上来，自信一点。这是个什么竹子？

生：潇洒的。

师：这是怎样的竹子啊？

生：自信、乐观的。

师：所以我们就要像竹子一样潇洒、自信、乐观。你来！潇洒一回。（教师潇洒地请同学上台）做个示范，你一看就很潇洒。人虽然不高，但看起来是典型的潇洒哥。（教师帮学生把衣领整理好）

（生继续读，但还是没有感觉。）

师：任尔东西南——北——风——（右手往上方抬起，很有潇洒的气势。）

（生再读，右手往上抬，声音洪亮，掌声响起。）

师：竹子有什么样的精神？

生：潇洒、乐观、自信！

师：所以当我们遇到困难的时候要怎么样？

生：要潇洒、乐观、自信！

师：所以当我们遇到困难的时候、经受挫折的时候会想到什么？

生：竹子。

师：怎样的竹子？用诗句回答。

生：咬定青山不放松，立根原在破岩中。千磨万击还坚劲，任尔东西南北风。

师：我发现你们有一个优秀的品质——喜欢一起读。一起的感觉特别好，一个人读的时候就害怕。我们还是要有一种能力：一个人读的时候，要像他（刚才上台的那位男生）一样，像这小竹子一样，那么潇洒！同学们，这是一首什么诗？写物的吧？写物的叫什么诗？

生：咏物诗。（师板书：咏物诗）

师：写这首诗仅仅写竹子吗？

生：用竹子的特别突出人类要向它学习。

师：你还有什么想表达？

生：运用了借物拟人。

师：是借物——

生：喻人。（师板书：借物喻人）

师：我们发现写这样的诗，先写它生活的环境，然后再写什么？

生：再写特点。

师：用优点好，还是特点好？

生：特点好。

师：对，特点好，当然，其实也就是写优点对不对？好，我们再总结一下：先写竹石的生活环境，怎样的环境？

生：千磨万击、东西南北风。

师：真会读诗。在这样的环境中它是怎样的？

生：咬定、坚劲、任尔。

师：你看，词语不一样，情感不一样。咏物诗怎么读呀？可以先读什么？它的——

生：环境。

师：然后读它的——

生：特点。

师：特点其实就是它的志，也是它的精神，它的品质。（板书：精神、品质）同学们，懂乎？懂了没有？

生：懂了。

【教学解读：挖掘语文元素。读懂了，也要会欣赏。本环节教学生"托物言志"的手法，立足于教学生从如何写的角度学语文。由一篇的学习上升到一类的学习，实现学课文到学语文的飞跃。】

师：好，那我们背一下。

生：好！

师：竹石，预备，起！（擦掉黑板上学生写的诗）

（学生齐背。）

师：我要一位同学来背，哪位同学来？要一位同学。（此时一位同学举手）到台上来。

生：竹石，宋，郑燮。

（其他学生提醒：清朝。）

师：清朝变成宋朝，哈哈，穿越了啊。自信一点，乐观一点，潇洒一点。

生：竹石，宋，清，郑燮。（还是读错了，其他学生大笑。）咬定青山不放松，立根原在破岩中，千磨万击还坚劲，任尔东西南北风。

师：怎么样？（响起掌声）非常棒，来个男生来挑战。（沉默后，还是女孩子举手。）好，这位女同学，要自信，乐观，潇洒。

生：竹石，清，郑燮。咬定青山不放松，立根原在破岩中，千磨万击还坚劲，任尔东西南北风。

师：最后一句再潇洒一下，我们在台上不要害怕，脚不要乱动，站直了。竹子是直的还是弯的？

生：直的。

师：我们要像竹子一样，再背一次。

生：竹石，清，郑燮。咬定青山不放松，立根原在破岩中，千磨万击还坚劲，任尔东西南北风。

师：任尔东西——

生：南北风！（教师带动了学生的情绪，读出了潇洒的味道。）

师：任尔东西——

生：南——北——风！

【教学解读：让学生到台上去展示。学生胆怯时，以竹子的精神激发他，既培养了自信，也提高了朗诵力。通过诗歌学习育人与教学过程育人，使课堂达至高潮，教学合一。】

四、学以致用，阅读迁移

◐ **教学意图**：通过读一首咏物诗，学会读一类诗歌。

◑ **教学导图：**

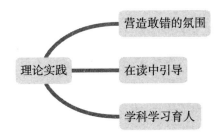

理论实践 ── 营造敢错的氛围
理论实践 ── 在读中引导
理论实践 ── 学科学习育人

师：同学们，我们学了这首诗，就要从诗中学到一种宝贵的品质。为什么说读诗能让人的精神更丰盈？因为我们可以从文学作品中去感受形象，学习宝贵的品质。还有一些时间，按着这个读法，我们要让同学来讲讲《石灰吟》。

（学生自读，教师巡视指导。）

师：我们请这位女生到台上来解读这首诗。别怕，刚刚我们说了，我们要像谁学习？

生：竹子。

师：（鼓励）如果讲错了也没有关系，你按照你的想法讲。如果你不敢，推荐一位同学也可以。按照今天所学的方法来解读这首诗。

【教学解读：营造敢错的氛围。课堂上学生拘谨不敢表达，很大程度上是他们害怕出错，尤其是高年级学生。如果课堂上有允许出错、敢于出错的氛围，学生们的创造力会大大增强。好的课堂当有创造，创造来自错误。】

生：这首诗描写的环境十分恶劣。

师：要具体地说，我们在解读诗的时候要具体，很恶劣，哪里恶劣呢？找出体现石灰石生存环境恶劣的那些词语。

生：（齐）千锤万凿。

师：还有呢？我发现你们很喜欢齐读、一起思考，个人思考就不行了。

生：（齐）烈火焚烧。

师：还有呢？

生：（齐）粉骨碎身。

师：我发现你们很喜欢齐读、一起思考，个人思考就不行了。（学生们又在抢答）来看，哪些环境？再看看。

生：千锤万凿、烈火焚烧、粉骨碎身。

师：在这样的环境中，石灰石是怎样的？

生：若等闲。

师：若等闲是什么意思？（张开手臂）

生：不是等闲之辈。

师：是像平常一样，我无所谓。然后又用了一个词叫？

生：浑不怕。

师：浑不怕是什么意思？

生：全都不怕。

师：对，什么都不怕，它要干吗？

生：要留清白在人间。（凝神，答不上来。）

师：那么作者想表达什么情感呀？你来帮她说。（请一位女生）

生：无论你所在的环境有多么恶劣，你还是要像石灰石那么乐观。

师：还有！这里不仅仅是乐观了，还有什么？（板书：清白）这个"清白"什么意思？

生：指高尚的节操。

师：我要像石灰石一样，具有什么？

生：高尚的节操。

师：高尚的情操，清白的节操。明白吗？通过写石灰石，来表达什么？

生：通过石灰石，托物言志。

师：通过石灰石，言清白的志。托物言志的诗就是这么读的。来，我们读一遍。

【教学解读：在读中引导。朗读是语文教学的重要方法。文字在口舌间流转跳跃，思想与情感在声音里起舞翩跹。在读中悟，在悟中学，在学中导。】

生：千锤万凿出深山，烈火焚烧若等闲。粉骨碎身浑不怕，要留清白在人间。

师：当别人污蔑我们的时候，或者在浊世中，要像怎样的石灰石一样？用诗来回答。

生：千锤万凿出深山，烈火焚烧若等闲。粉骨碎身浑不怕，要留清白在人间。

师：要留——

生：（齐）清白在人间。

师：要留——

生：（齐）清白在人间。

师：要留——

生：（齐）清白在人间！

师：千锤——

生（齐）：万凿出深山。

师：烈火——

生：（齐）焚烧若等闲。

师：粉骨——

生：（齐）碎身浑不怕，要留清白在人间。

师：两首诗一起背，我们起立，向后转，面向老师。来啊，我开头，你们背。咬定青山——

生：（齐）咬定青山不放松，立根原在破岩中，千锤万凿——

师：搞混了啊，我们重来。（众生笑）

生：（齐）咬定青山不放松，立根原在破岩中，千磨万击还坚劲，任尔东西南北风。

师：千锤万凿——

生：（齐）千锤万凿出深山，烈火焚烧若等闲。粉骨碎身浑不怕，要留清白在人间。

师：要留——

生：（齐）清白在人间。

师：要留——

生：（齐）清白在人间。

师：要留——

生：（齐）清白在人间！

师：任尔东西——

生：（齐）南北风！

师：任尔东西——

生：（齐）南北风！

师：任尔东——西——

生：（齐）南——北——风！

师：同学们，我们要像竹子一样，学会什么？

生：（齐）坚劲、潇洒。

师：想要像石灰石一样？

生：（齐）保持一种高尚的节操。

师：同学们，今天这节课就上到这里，同学们下课啦。（耳畔还萦绕着两首古诗的余音）

【教学解读：学科学习育人。"《诗》，可以兴，可以观，可以群，可以怨。"学生掌握了基本的阅读方法，在背诵之中体验情感，课堂再掀高潮。教育不是一句空口号，也不是一种情感灌输，而是一种潜移默化的影响。语文老师当用语文的内容与方式去育人。】

提供发现的条件

——《最后一次讲演》课例解读 ①

一、学生提问，开启课堂

◉ **教学意图**：在湖南省 2021 年"国培计划""吴春来初中语文名师工作坊"研修活动上，我执教"五多课堂"示范课。演讲稿教学属于实用文体教学，宜从实用性角度出发决定教学内容。所以，我从学生角度出发，以他们的需要来确定教学内容。从教师备课角度来说，首先要明白演讲稿教学的基本内容，也要事先考虑到学生在演讲方面的诸多问题。只有这样，课堂上我们才能为学生答疑解惑。

◉ **教学导图**：

师：今天我们来学习一篇演讲稿，演讲稿的题目叫《最后一次讲演》。上

---

① 课堂实录由"春来咏语"教研团队谭艳芳老师整理。

课之前我问了几个同学，有的同学已经读了课文。那么我想问大家一个问题：当你看到这篇课文的时候，你最想学什么？

【教学解读：开门见山地问。对于实用性文体，课堂上教师不妨直接问学生想学什么。一则突出实用性文体的文体特征，二则激发学生的"问学"思维。】

生：我最想学革命者的爱国情结。

生：我比较想了解当时的社会背景。

生：我想要了解这篇演讲稿的写作方式。

师：演讲稿该怎么写？有什么特征？

生：我想了解为什么是最后一次讲演。

师：还有吗？

生：我想了解演讲如何吸引观众，引起观众共鸣。

师：我们有了演讲稿，该如何去演讲，该如何去吸引观众？

师：我们今天最重要的两个问题是哪两个问题？第一个问题是如何写好演讲稿，演讲稿到底是怎么一回事儿？第二个问题是有了演讲稿，我们该如何演讲好？解决好这两个问题，其余的问题也就解决了。

【教学解读：提升教师的观察与概括力。演讲稿如何教？单元目标有三项要求：学写演讲稿，模拟演讲，举办演讲比赛。本节课到底要教什么呢？向全体学生开放，要学生来提问，是一种很好的途径。学生提出了一些问题，教学中教师要迅速归纳问题的特征，确定核心问题。"五多课堂"的理念是：先解决核心问题，顺便解决其他问题。提升自己的观察力与概括力，对教师来说是一大挑战。】

二、研读课文，解决问题

◆ **教学意图**：教演讲的基本特征。从讲的角度来说，基本特征包括鼓动性、针对性、逻辑性；从演的角度来说，基本特征包括手中有力、脸上有神。学生只有通过研读课文自己去发现，才有实实在在的收获。本环节旨在激发学生主动发现，达成共识。

◑ **教学导图：**

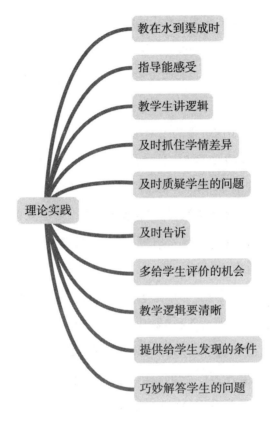

师：我们来看课文《最后一次讲演》，下面请一位同学来为我们读一下课文的第1自然段。

（一男生朗读课文，表现很一般。）

师：哪位同学来评价评价这位同学的朗读？

生：我觉得非常好。（学生窃笑）

师：如果当时闻一多先生的演讲是这样一种感觉，你觉得可以吗？

生：刚才他读得没有一种历史的现场感。

（另一位男生举手。）

生：我觉得他没有读出那种义愤填膺、慷慨激昂的情绪。

师：这节课我们要模拟闻一多演讲，如果你是闻一多，你该如何读？

（举手男生根据理解示范朗读，掌声响起。）

师：前后两位同学的朗读有什么区别？

生：后面一个同学声音更洪亮，更富有情感。

师：也就是说演讲一定是心中有情的（板书：心中有情），但是我觉得这个情还不够，还得再提高。这个问题我们先放一下。

师：由此我们得出演讲稿的一个特征是心中要有情。演讲稿有个重要的特征，那就是要有鼓动性。演讲要号召大家去干一件事，或者反对一件事，这就是演讲稿的一个非常重要的特征——鼓动性。（板书）

【教学解读：教在水到渠成时。"五多课堂"的教学审美之一是实现教学合一，教与学的合一体现在师生之间的一种心灵默契。让学生去读，在读中去体会演讲的情感，这种体会有时是个别学生体会到的，所以需要帮学。教学要有一个由感性到抽象的过程，当学生体会到情感时，老师及时补充说"心中有情"，同时告诉他们演讲的一个重要特征——鼓动性。教师的教在学生学的水到渠成处，不早不晚；"少告诉"不是不要告诉，这样的告诉，刚刚好。】

师：在第 2 自然段当中，我们看到了哪些词语？"无耻啊！无耻啊！""光荣！"这是谁的无耻？这是谁的光荣？请同学们一起朗读。

（学生齐读第 2 自然段，感情不到位，轻重不分。）

师：再来读一遍，国民党反动派的无耻应该怎么读？

（学生再次朗读，变化不大。）

师：我们演讲一定要让别的人听得清楚，要有轻有重。

（老师范读，掌声雷动。）

生：再次朗读课文第 2 自然段。

师：是谁的光荣？

生：是昆明人的光荣。（学生把"昆明人"重读，情感饱满起来。）

师：演讲是在哪里？

生：是在追悼会上。

师：周围都是什么人？

生：周围是昆明人，青年学生，还有部分特务。

师：那我们应该用什么样的声音去演讲？再来读一遍。

（学生再次朗读，情绪饱满，声音洪亮，但最后处"昆明人的光荣"声音掉下去了。）

师：这是谁的光荣？昆明人的光荣！这里我们再读一次。

（学生朗读："这是某集团的无耻，恰是李先生的光荣！李先生在昆明被暗杀，是李先生留给昆明的光荣！也是昆明人的光荣！"气势充沛，场面感人。）

（请一位男生到台上朗读，读得情感饱满，但表情呆滞。老师范读，眼神愤怒，右手高举，掌声雷动。）

师：老师刚刚在读的时候，你发现老师的手在干嘛？

生：在挥动。

师：演讲演讲，有讲有演，所以手要怎么样？

生：要保持手中有力。（板书：手中有力）

师：那脸上有什么情感？脸上要有神，神就是神情。（板书：脸上有神）

师：刚才到台上的那位同学请你模拟演讲这一自然段。

（学生上台演讲，声音比较洪亮，但效果并不明显，身子动来动去。）

师：这次演讲是在哪里？

生：一个会上。

师：一个什么会上？（生答：追悼会上）是追悼会上。再来。

（该男生再次朗读课文，声音比较洪亮，读"也是昆明人的光荣"时右手挥动，眼睛有神。掌声响起。）

【教学解读：指导能感受。好的教学指导一定要让学生感受到（听到、看到、想到），当学生到台上展示不理想时，老师要及时做示范，让学生看到该有的样子。所以，我们通常讲的引导，一定不是抽象的空洞的说教，而是营造一种情景让学生置身其间，或者老师做榜样，让学生看得见、听得到、想得好。做了榜样，不一定就能起到良好的效果，教学需要一个反复的过程。】

师：演讲演讲，手中有力，脸上有神，心中有情。

师：有情很重要，但还不够。为什么？你说别人无耻，你说我们光荣……

生：为什么说别人无耻呢？

师：对。同学们，演讲不是喊口号。喊口号很简单，可以天天喊。光喊口号是没有意义的，必须用什么说话？

生：必须用事实说话。

师：很好，那么，闻一多先生是如何说国民党反动派的无耻的？心中有情，但必须用事实说话。

（学生在思考，有些在讨论。几分钟后，刚才那位模拟演讲的学生激动地举起手来。）

师：今天这位男生很激动，我喜欢你这样的激动。

生：我觉得是列举了国民党反动派的三桩罪行。

师：请用闻一多先生当时的口吻来说。

（学生开始模拟演讲，他没用话筒。）

一读：李先生究竟犯了什么罪，竟遭此毒手？他只不过用笔写写文章，用嘴说说话，而他所写的，所说的，都无非是一个没有失掉良心的中国人的话！

二读：为什么要打要杀，而且又不敢光明正大地来打来杀，而偷偷摸摸地来暗杀！

三读：杀死了人，又不敢承认，还要诬蔑人，说什么"桃色事件"，说什么共产党杀共产党，无耻啊！无耻啊！

师：同学们，闻一多先生说敌人无耻列举了三桩罪行。演讲，心中有情之外，也一定要用事实说话，进一步讲就是讲道理也需要逻辑性（板书：逻辑性）。你说别人无耻，就得说理由。

【教学解读：教学生讲逻辑。此处是教学的亮点。听了不少《最后一次讲演》的公开课，鲜有教学生讲逻辑的。学生思考后，进行模拟演讲，有思有演，掀起课堂的一处小高潮。这里体现出教育的机智，巧妙地抓住契机，有种神来之感。不过，遗憾的是，学生讲了三桩罪行，我并没有及时让学生去总结到底是哪三桩，学生只有一种模糊的感觉。深深反思：教要得教得明白，教得透彻，而不是浅尝辄止，走个过场。】

师：你说我们光荣，同样的道理，也要说出理由。

（学生继续思考，有些继续在讨论。几分钟后，一男生举手示意。）

生：在第3自然段。"现在李先生为了争取民主和平……"

师：找到没有？大家赞不赞同？

生：赞同。

师：同学们，我们读一篇文章，一定要带着思考去读。说敌人无耻，你必须列举出无耻的理由；你说我们光荣，就必须列出我们光荣的原因：这样才能够有说服力，才能够有鼓动性。

师：刚才说演讲到底有什么特征？

生：鼓动性和逻辑性。

师：那么还有一个问题：闻一多先生今天只是来说敌人无耻和我们光荣吗？他到底要干什么？大家继续看文章。

师：文章当中有一句话。（一学生举手示意）

生：我们有力量打破这个黑暗，争到光明！我们的光明，就是反动派的末日！

师：嗯，光明与黑暗。再继续往下读。有一句话比这句话更重要。

生：历史赋予昆明的任务是争取民主和平，我们昆明的青年必须完成这任务!

（另一男生突然举手。）

师：好，另外一位同学，你来说说看。

生：年青的战士们的血换来了政治协商会议的召开；现在李先生倒下了，他的血要换取政协会议的重开！我们有这个信心！

师：两位同学的意见不太一样，你们觉得哪句话才是闻一多先生最想表达的内容？

生：我觉得是前一句话。前面说的是争取民主和平，这是每个革命志士所做的事；然后后面说要向他们学习这样的精神，我们也要争取民主和平。

师：还有吗？（生答：没有了）大家把这句话读一遍。

（学生读："历史赋予昆明的任务是争取民主和平，我们昆明的青年必须完成这任务！"）

师：情感你们觉得到位了吗？

生：（齐答）没有。

师：那就再来一次。

（学生再次朗读。）

师：你觉得满意了吗？（生齐答：不满意）没有那就再读一次。

（学生第三次朗读。）

师：谁来完成？

生：我们昆明青年。

师：怎么完成？

生：必须完成。

师：再来一遍。

（第四次朗读课文，节奏、轻重都有好转。）

师：这句话与刚才那位同学说的政治协商会议有什么逻辑关系？

生（回答"要换取政协会议的重开"的那位）：局面的一个表现。

师：你的意思是一个是大的方面，一个是小的方面？（生点头）

师：前面我们说到心中有情，而闻一多先生这次演讲的主要目的是号召所有年轻人争取民主和平，也就是说不光要心中有情，还要情中有旨（板书）。旨是什么？就是目的。既明确我们能够争取民主和平，又明确争取民主和平的理由，否则就是空谈口号。

【教学解读：及时抓住学情差异。承认学情的差异，就是要及时抓住认识的差异。"五多课堂"提倡提供产生认识差异的氛围和条件，并善于发现这种差异，所以平等、自由、和谐的氛围，何其重要。有差异，才有进步。有了这样的差异，就要引导学生去大胆探究。大声朗读，是一种比较好的方法。读书要不厌其烦地读，在读中感受，在读中思考。】

师：那么我想问，刚才说的角度是我们争取民主和平的一个小方面，是哪个小方面？

生：政治方面。

师：同学们，这里我们要注意概括，一段一段来整理。首先是从哪里开始的？

师：是从我们书上的第 3 自然段开始的。第 3 自然段写了什么？有没有读出来？我们读书要善于读关键的语句，同学们发现没有？

（学生思考，有些在讨论，老师在观察学生。）

生：应该是反对内战，献出了自己宝贵的生命。

师：献出宝贵生命就一定能够争取到民主和平吗？演讲一定要什么？

生：要讲逻辑。

（有一位女生举手回答问题。）

师：终于有一位女生来回答问题了。大家给她以掌声。（生鼓掌）

生：前面说到了年轻人的牺牲，换来了政治协商会议的召开，也就是说现在也用李先生宝贵的生命，换来一个目标的达成。

师：他们的牺牲换来了什么？

生：换来了政治协商会议的召开。

师：也就是说他们的牺牲是有价值的。为什么能够争取到民主和平？

生：牺牲是有价值的。

师：我们的牺牲不是白白地牺牲。这是一个理由。

【教学解读：及时质疑学生的问题。教学中，我们会发现学生不太善于深刻思考问题，想问题过于简单。很多时候，我们的教学需要再往前走一步。这一步，就是教师对学生问题的及时质疑。在质疑中，让学生思维再进一步。"五多课堂"主张让学生多提问，也主张老师要及时对学生的回答进行质疑。】

师：虽然李先生死了，但是闻一多先生是怎么说的？我们一起来朗读一遍。

（学生齐读："其实广大的人民是打不尽的，杀不完的！要是这样可以的话，世界上早没有人了。"情感不太到位。）

师：人民是什么不尽的？

学生：打。

师：人民是什么不完的？

生：杀。

（生齐读"人民是打不尽的，杀不完的"，轻重分明，情感到位。）

师：人民是怎么样的？打不尽的，杀不完的。人民的数量是多的（板书：人民的数量）。

师：第5自然段中，提到了什么？我们有这么多人民，在数量上能够争取到民主和平。第5自然段作者是不是这么说的？（学生思考）

师：里面有句话很关键，能不能读到？人民的力量是怎么样的？刚刚说了人民的数量，现在说人民的力量（板书：人民的力量）。

【教学解读：及时告诉。很多时候，我总以为只有学生回答出来才是最好的。其实，当学生难以想到时，及时告诉他们，也是一种学。学生看清楚了、听明白了，自然会去思考。】

师：把这句话大声地读一遍，演讲是面向所有观众的。请第一位上台的同学来读。演讲要怎么样？我们前面说了，要心中有情，手上有力，情中有旨，脸上有神。给这位同学一点掌声。

（男生模拟演讲："人民的力量是要胜利的，真理是永远存在的……我们有力量打破这个黑暗，争到光明！我们的光明，就是反动派的末日！"模拟演讲后，掌声响起。）

师：这位同学的表现是不是比开始好多了？只要我们愿意去学，一定能学好的。（学生们点头赞同）

师：请一位同学来评价一下好在哪里。

生：感觉他的站姿更坚定了，不动来动去了，手上有力，脸上的神情也是坚定的，有把自己融入到当时的社会背景下。

师：你是一位非常善于点评的人。

师：大家也把掌声送给他。

【教学解读：多给学生评价的机会。多让学生去展示，也需要在展示后得到评价。多让学生去评价，是调动学生学习积极性的重要方法。多让学生去评价，可以避免学生课堂上的走神与分心，调动大家的学习积极性。】

师：大家看看课文第 7 自然段，大家一起朗读一下。（生齐读）

生：讲了我们有光荣的历史，我们要发扬光荣的历史。

师：对！我们有光荣的历史，我们要发扬光荣的历史（板书：历史）。

师：下一个自然段，"挑拨离间"中的"挑"字读几声？

生：第三声。

师：好，一起读一下。（生齐读）

师：这一自然段写了什么？

生：（弱弱地）写青年的力量。

师：写了青年的力量，青年人团结的力量（板书：青年的力量）。

师：咱们再往下读，请一位同学上台模拟演讲"反动派你看见……"这一自然段。

（生上台，"反动派"处声音太弱，"继起的"处右手举起来。）

师："反动派"这里应该怎么讲？是不是要喊出来啊？这里是什么情感？是不是愤怒？

（生再次朗读课文，有提高，但对"反动派"这样的呼告语，没有呐喊、质问的语气。）

师：要有喊的感觉，远远地看见一个人，你喊的感觉。

（生再次读"反动派你看见……"，给人一种画面感。学生掌声响起。）

师：这里的人民是怎么样的？是有力量的，是团结的。

师：我们说情中有旨，旨中有理（板书）。演讲稿也是要讲道理的，它不是空喊口号，滥抒情。怎么获得民主和平？人民的数量和力量是从人民发展的角度来说的，还从现实角度和历史角度说明了我们能够拥有民主和平，所以我们一定能够争取到什么？

生：民主和平。

师：我们一起读一下"历史赋予昆明人……必须完成这任务"。

（生齐读，尤其在"必须"上强调，突出了情感。）

师：有了这些理由，我想我们一定能够争取到民主和平。

师：（指着板书）心中有情，情中有旨，旨中有理，这就是鼓动性和逻辑性。

【教学解读：教学逻辑要清晰。好的课堂往往给人一种"教学逻辑清晰，层层递进"之感。教学中培养学生严密的逻辑力，主要体现在学习作者的行文逻辑性。通过读的方式，学生一步一步理解了写作思路。朗读教学，有一个特别神奇的地方：读着，读着，思路就清晰了。当学生读完后，老师进行总结，让学生学得透彻。好的教学，一定是有逻辑的，学生的学由模糊走向清晰，由不知走向知道。】

师：我们再来看这里的称呼——大家、你、你们、我们、他们。为什么有这么多称呼，你们想过没有？

生：我觉得称呼包含着他的情感，他认为他和青年是一起的，所以才会用"我们"称呼，对反动派是仇恨的，所以用"你们"称呼。

生：对反动派用"你们"，表达了闻一多先生对当时反动派极其厌恶、蔑视的感情；对人民大众用"我们"，表明对人民大众有战友般的情感。

师：用"你们""我们""他们"这些称呼，是因为当时的会场上不仅有人民大众，还有反动派特务们。说"他们"的时候，是站在"我们"的角度说的；说"你们"的时候，是站在"我们"的角度说的。这就是演讲的时候目中有人（板书：目中有人）。同学们，一个高明的演说家，他目中是有人的。

师：在这里起码有几种人啊？

生：有"我"，有昆明人、青年学生、反动派特务。

师：这就是目中有人，这样演讲才有了针对性。

师：（手指板书）同学们，我们来总结一下，演讲稿的特征是什么？

生：针对性。

师：针对性，是指对不同的人说不同的话。

生：鼓动性。

师：鼓动性，要做到心中有情，情中有旨，旨中有理；同时还要有逻辑性，演讲不是空喊口号、滥抒情，而是有逻辑的。要想演讲好要怎么做呢？

生：要手中有力、脸上有神。

【教学解读：提供给学生发现的条件。"五多课堂"主张：少告诉，多发现。如何让学生去发现呢？老师要善于提供发现的条件。当"你们""我们""他们"等称呼出现在黑板上时，学生从视角上有了发现。信息技术高速发展的时代，坚持板书这个理念不能动摇。当学生发现这样称呼的意义后，要及时告诉他们这是演讲的"目中有人"，学生会从理性上加深认识。当然，也许有老师会说，为何不要学生去总结呢？当学生学到一定程度后，老师恰到好处的归纳就是一种学。】

师：现在我们要做一件事——把它演讲好。来一位男生模拟演讲文章第 1 自然段，对于敢于主动举手的同学，我们要报以掌声。（学生报以掌声）

（一生模拟演讲结束后，另一学生点评说：最后的情感是最重的，没有讲出来。老师说：那么请你上台模拟演讲。该生上台。第一位男生评价说非常有情感，很好。第三位学生举手上台模拟演讲。）

师：同学们演讲一定要做到什么？手中要有力，脸上要有神。作者说我们一定要争取到民主和平，需要我们怎么去做？最后一段话，需要我们怎么去做呀？

（生饱含感情齐读：我们不怕死，我们有牺牲的精神！我们随时像李先生一样，前脚跨出大门，后脚就不准备再跨进大门！）

师：我们不怕死！

生：我们有牺牲的精神！我们随时像李先生一样，前脚跨出大门，后脚就不准备再跨进大门！（读得慷慨激昂）

师：我们不怕死！

生：我们有牺牲的精神！我们随时像李先生一样，前脚跨出大门，后脚就不准备再跨进大门！（读得慷慨激昂，热血沸腾）

师：刚刚同学们说要学习他的豪情壮志，什么样的豪情壮志？

生：不怕死，不怕牺牲的豪情壮志。

师：题目为什么是最后一次讲演？

生：因为闻一多先生演讲完之后，就被暗杀了。

师：同学们，这就是我们今天的这一节课，回答了同学们的几个问题。

【教学解读：巧妙解答学生的问题。"多让学生提问"是"五多课堂""五多"之一。当学生提出问题后，老师要艺术处理，而不能简单按照先后顺序来处理。老师需要迅速把问题的逻辑捋清楚，按照先主要后次要的关系来解答。有老师会问，怎么确定最主要的问题？最主要的问题通常是课文最有价值的教学内容，需要老师对课文的价值有所判断。此环节的妙处在于：当学生模拟演

讲结束后，让学生带着亢奋的情绪去思考剩下的问题，起到卒章显志、首尾圆合的艺术效果。】

三、师生总结，提升认知

◎ **教学意图**：进一步加深认知，提高学生的理性思维能力，以求温故而知新。

◎ **教学导图**：

师：（手指黑板）写演讲稿一定要——

生：（望着板书回答）心中有情，情中有旨，旨中有理；要有针对性、鼓动性、逻辑性。

【教学解读：用好板书。板书素有"微型教案"之称，它灵活地呈现教学内容、认知过程，使知识概括化、系统化，帮助学生正确理解，增强记忆，提高教学效率。】

师：（手指黑板）演的时候，要——

生：手中有力，脸上有情。

师：通过这篇课文，我们知道了如何写演讲稿，什么样的演讲才是好的演讲。衷心地希望大家成为一名优秀的演讲者。好，下课！

【教学解读：师生共总结。课堂结束，师生共同总结。"五多课堂"提倡学生总结，但师生共同总结也是一种总结，这样可以增进师生之间的情谊，教师带动学生一起去思考。"五多课堂"提倡的总结大抵分为三类：教师去总结，做个榜样，跟我学；师生共同总结，享受学习的苦辣酸甜，帮你学；学生自己去总结，实现让学的愿景，让你学。】

教学重在会引路

——《植树的牧羊人》课例解读 ①

一、检测预习情况

◐ **教学意图：** 营造诗意氛围，化解陌生尴尬，为课堂教学奠定诗意基调；以检测的方式了解学情。

◐ **教学导图：**

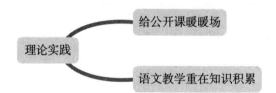

师：同学们好！

生：老师您好！

师：（和颜悦色地）请坐请坐，今天非常高兴与同学们一起来学习一篇文章。我先来自我介绍一下，我来自永州，有没有永州的老乡？（扫视一周后，发现无永州学生）柳宗元，知不知道？

① 课堂实录由"春来咏语"教研团队蒋淑玲老师整理。

生：知道。

师：他曾经在永州待过十年，你们小时候学过他的一首诗，叫《江雪》，能背吗？一起来背一下。

生：（齐背）千山鸟飞绝，万径人踪灭。孤舟蓑笠翁，独钓寒江雪。

师：老师就在柳宗元写《江雪》的地方工作和生活。刚才我看同学们脸上的表情，有好奇的、疑惑的、惊喜的，甚至有夸张的（学生笑）。

【教学解读：给公开课暖暖场。公开课暖场，很重要。这样的"诗意手法"（我把齐读诗歌的导入取名为"诗意手法"导入）暖场，一则，给学生一种好奇感；二则，营造课堂的诗意氛围，形成首尾圆合之美（最后课堂以诗歌结束）。】

师：同学们，预习了这篇课文没有？

生：预习了。

（请两位学生上台听写，其他学生在座位上听写课文重点词语。）

师：第一个词语是干涸，第二个词语是坍塌（建筑物或者堆积物倒塌了），第三个词语是不毛之地，第四个词语是帐篷。好了，可以了，同学们，这是咱们预习的结果，一起来看一看情况怎么样。

师：（指着黑板）"干涸"写对了没有？（生答：写对了）"坍塌"呢？（生答：没有）（指着一位学生）你写对了，请你把"坍"字写在黑板上。刚刚我发现百分之八十的同学"坍"字都写错了，请你们把"坍塌"读三遍。"帐篷"这个词中"帐"有写错的，"篷"字上面是什么头？（生答：竹字头）现在，我们把刚刚听写的四个词语一起读一遍。

（师讲评词语，并指导书写易错字"坍"和"篷"。）

师：我们学语文，既然预习了，那么对于课文中比较重要的词语要把它们记下来，不能写错字，也不能写别字。这是老师对你们的第一个要求。你们说预习了，我还要进行检测——这是一篇散文还是一篇小说？

生：（争先恐后地）散文。

师：（爽朗地笑）是散文吗？

生：是小说。

师：小说有三要素，同学们记得吗？

生：人物、情节。

（根据学生回答，老师及时板书。）

师：还有一个呢？

生：地点。

师：应该叫？（生答：环境）我们要说专业的术语——环境。

【教学解读：语文教学重在知识积累。学生预习了，最好的办法就是检测，通过检测加深印象。检测最好的办法是听写，尤其让学生到台上去听写。这样便于发现学生的问题，引起其他同学的注意。当然，文体知识积累，也不可小觑。确定文体，对文章的学习大有裨益。】

二、依据文体而教

◉ **教学意图**：抓住文体，提纲挈领，让学生掌握基本的阅读方法。

◉ **教学导图**：

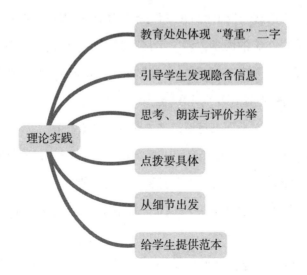

师：接下来，我们看这一段话，请一位同学来读。（一男一女同时举手）女生优先，你来读。

生：想真正了解一个人，要长期观察他所做的事，如果他慷慨无私，不图回报，还给这世界留下了许多，那就可以肯定地说，这是一个难得的好人。

师：请一位同学来点评她的朗读。（一男生举手）

生：她的咬字比较清晰，但是读了一个字，应该是"还（hái）给这世界留下了许多"。她的朗读有节奏和规律。

师：你解释一下规律是什么意思。

生：她在朗读的时候是几个字几个字一起读。

师：你觉得这样好还是不好？

生：有利有弊。

师：利在哪里？

生：利就是自己读起来更顺口，弊就是别人听起来很别扭。

师：那你读，让大家听起来不那么别扭。

（学生大笑，点评的那位学生开始读。）

师：你们发现这两位同学的朗读区别在哪里？

生：那位男生读得情感更代入一些，女生读得死板一些，就是一味地读下去，没有带自己的情感。

师：我觉得这个建议很好，要有情感地读。请你到台上再读一次。

（第一个朗读的女生到台上再读，情感比较投入。）

师：这次读得怎么样？

生：好多了。

师：有了进步，我觉得同学们一定要……（学生自发鼓掌）上课也是一种生活。有一年，有一道高考作文题好像叫"做一个路边鼓掌的人"，我希望同学们也做为他人鼓掌的人。刚刚这个女生取得了进步，让我们再次给她热烈的掌声。

【教学解读：教育处处体现"尊重"二字。当男女同学同时举手时，不妨先让女生来回答。这是一种艺术，一方面保护了举手者的自尊，另一方面也维护了男生的面子，最重要的还起到了教育作用：尊重女生，女生优先。当课堂上学生取得进步时，一定要给以鼓励，引导学生用掌声来回应。在这里不得不指出：当学生读得不好时，也要懂得保护学生的自尊，引导他（她）及时听取他人意见的同时，再给一次展示机会。】

师："这是一个难得的好人"，我想问，难得的好人有几个要素？仔细想。

（一生举手，师表扬反应迅速。）

生：慷慨无私、不图回报……

师：我问几个要素，应该怎样回答？

生：一、慷慨无私；二、不图回报；三、还给这个世界留下了许多。

师：三个要素，很完整，还有没有补充的？

生：应该还有他所做的事。

师：你们看看前面的句子。

（全班齐读："要长期观察他所做的事……"）

师：难得的好人到底有几个要素？

生：四个。

师：还有一个非常重要的要素就是——

生：长期。

【教学解读：引导学生发现隐含信息。阅读是一种思考行为，通过朗读的方式让学生边听边想，从而发现文字背后的信息。对"长期"两字的发现，是开启本节课的钥匙。然而，由于知识的固陋，当时并没有站在文化的角度来思考，适时地引入张潮《幽梦影》中的"凡事不宜痴，若行善则不可不痴"，若能如此，学生对"长期"两字的理解会更加深刻。】

师：长期（板书）就体现在我们的情节中，我们去看一看。作者写了几次去见牧羊人？（生答：三次）第一次是哪一年？（生答：1913年）第二次见他在什么时候？（生答：1914？）这里要认真地看，有一句话提示了。

生：我应征入伍……

师：也就是战争结束之后对不对？这里有点模糊，我们统一写成一战结束，表达更准确，因为这里面有一个猜测的过程。最后一次呢？

生：1945年。

师：老人是从哪一年开始在这里种树的？

生：1910年。

师：同学们，我们读书一定要注意从课文里面提取有效的信息，老人1910年开始种树，到1945年一共有多少年？

生：35年。

师：35年称不称得上长期？

生：称得上。

师：同学们，我们初中三年都觉得很漫长，而这个植树的牧羊人在这里一待就是35年。所以作者说——这是一个难得的好人。

生：（齐读）想真正了解一个人，要长期观察他所做的事，如果他慷慨无私，不图回报，还给这世界留下了许多，那就可以肯定地说，这是一个难得的好人。

师：这是一个难得的好人（板书）。同学们，从1913到1945，文章的思路是什么样的？

生：按时间顺序。

师：读文章，读文章，一定要读文章的思路，这篇文章是以时间为线索。在这篇小说里面，环境就是一个地方，哪里？

生：高原。

师：具体叫什么？

生：阿尔卑斯山地。

师：这篇文章在读书方法上有一个要求，要学会默读，还需要画出关键的语句。文章说高原发生了两次重要的变化，我想请你们画出最能体现变化的概括性的句子。先请一位同学来说一说初见牧羊人时高原的环境是怎样的。

生：请大家看第 3 自然段。

师：非常好，我们提醒别人一定要告诉别人具体的地方。

生：我从第 3 自然段看出当时的高原到处是干旱的，是很没有生机的。

师：他概括了内容，超越了找出信息，并不是简单地找一找。如果要你找书上的具体内容呢？

生：到处是干旱的土地和杂草。（一位女生举手示意）

师：那位女生想帮帮你。

生：第 2 自然段，一点儿生气也没有了。（第三位同学举手示意）

生：这里海拔一千二三百米，一眼望去，到处是荒地。光秃秃的山上，稀稀拉拉地长着一些野生的薰衣草。

师：刚刚几位同学找了，你们觉得哪位同学找的更具有概括性？

生：第三位同学。

师：大家一起来读这句话。

（全班齐读此句，师发现生的朗读没有感情。）

师：刚刚我们说读书要有感情，作者到了这样的地方应该是一种怎样的感情？请这位男生继续来给大家做个示范。

生：这里海拔一千二三百米，一眼望去，到处是荒地。光秃秃的山上，稀稀拉拉地长着一些野生的薰衣草。

师：请一位同学来点评他的朗读。

生：第一，这位男生读得很大声；第二，他读得很有韵律，朗朗上口；第三，他代入了自己的情感。但是他应读得小声点，因为这里要体现环境的恶劣，还有作者来到这个地方的心情——感觉这里生活是很不容易的。

师：她的点评很有水平。你们看她如何点评的？（学生开始七嘴八舌讨论起来）请一位同学来总结。

生：她是从三个方面来讲的。（教师及时点拨说：点评时要选择角度，学会用一、二、三来表达。）

生：她分别从音量、音律、情感三个方面来评价的，然后说他的缺点，声音要再低沉一点。

师：在她的指导下，这位男生你再来试试，好吗？

（刚刚朗读的那位男生又读了一次，有了明显的进步。）

师：这一次他读得怎么样？

生：好点了。

师：有进步了，相对来说，心情是非常低沉的。当他看到这里到处是荒地，一切都光秃秃的，只有稀稀拉拉的野生薰衣草，毫无生机，看不到一个人，他的心情是两个字——

生：低沉。

【教学解读：思考、朗读与评价并举。落实单元教学目标，教学生找关键句。"五多课堂"是移动的课堂，这里的移动是指跟着学生走。由于学生认知水平的差异，老师要正视学生的问题；只有正视现实，教学才有意义。当学生寻找的句子出现不同时，让学生自己去发现、去思考。高声诵读是"五多课堂"的重要特征，通过读，学生在字里行间揣摩作者意图。好的教学是对学生的及时回应，评价不可少。学生的评价激发学生更好地去学。当学生评价时，老师要及时点评学生的评价，引导学生如何正确评价。】

师：咱们来看第一次变化。

生：当我来到那个废弃的村庄旁……

师：还有同学找到别的了吗？谁找的更具概括性、更具说服性？

生：我找的没有变化。

师：要找有变化的。

生：1910 年种的橡树，已经长得比我都高，真让人不敢相信……

师：这是一处变化，还有别的吗？

生：路过山下村子的时候，我在这个曾经干旱无比的地方，看到了溪水。这是老人种树带来的连锁反应，是我见过的最了不起的奇迹！（第17自然段）

师：我们一起来读这一段话。

（全班齐读，再请一位学生读。学生读完后，全班自发鼓掌。）

师：我还是想请一位同学来点评。

生：第一点，她的声音非常洪亮。

师：读得好的共性就是声音要大。

生：第二点就是节奏感非常强。

师：同学们，他说到一点——节奏。艺术，艺术，其实就是节奏的艺术。

生：第三点就是她把内心真实的情感完全地放进去了。

师：把真实的情感完全地放进去了，也就是说，仿佛她自己看到了，这是最高超的朗读，这位同学做到了，你点评得也很精彩，你们都值得我们为之——（生大声鼓掌）

师：尤其是最后一句，是我见过的最了不起的——

生：奇迹。

师：再读一遍，是我见过的最了不起的——（板书：奇迹）

生：奇迹。

师：是我见过的最了不起的——

生：奇迹。（一次比一次大声）

师：这句话最体现出变化。还有一次，也就是1945年，他来到这里的时候，再次看到这里的变化。（一女生举手示意）好，请这位女生。

生：昔日的荒地如今生机勃勃，成为一片沃土。（第20自然段）

师：这是一个，还有吗？

生：请同学们看第19自然段。以前那种猛烈而干燥的风，变成了飘着香气的微风。

师：也是一处，还有吗？

生：干涸已久的地里又冒出了泉水。

师：这是第三处。

生：农场边上，枫树林里，流淌着源源不断的泉水，浇灌着长在周围的鲜嫩薄荷。

师：这是泉水的浇灌，又是一处。

生：那些废弃的村子一点点重建起来。从地价昂贵的城市搬到这里安家的人带来了青春和活力，还有探索新生活的勇气。

师：村子重建，又是一处，还有吗？

生：1913 年我来时见到的废墟上，建起了干净的农舍，看得出人们生活得幸福、舒适。

师：人活得幸福、舒适。还有吗？我觉得，这些都是对一句话的具体描写。

生：请大家看第 19 自然段。我再次踏上这条通往荒原的路。我完全认不出这条我曾经走过的路了。一切都变了，连空气也不一样了。

师：你再读一遍，此处的情感要怎么样？

生：激昂一点。

师：还可以再激昂一点。

（生读。）

师：读得再激昂一点，一起读。

（生激情饱满地读。）

师：再激昂一点！

（全班齐读。）

师：你们找的都"变了"，所以作者说一切都变了。一起读：一切都变了，连空气也不一样了。（全班读此句）

师：这一切的改变都是因为一个人，这个人是艾力泽·布菲。他是怎样的一个人？

生：一个难得的好人。

【教学解读：点拨要具体。学生的点评在进步，这样的进步真实可见。但学生对关键句的理解进步不大，何也？一是学生思考的时间不够。二是我在具体指导时，没有及时指出错误，而是一味让学生自己找。当然，这样也没有错，因为学生找的各不相同，他们自然会加以思考，后来他们在关键句上有了共识，恰恰证明了这样做的正确性。此处的教学告诉我们：学生的进步需要一个反复训练的过程，不能一蹴而就。如果教学中对学生找的句子与关键句进行具体说明就好了，比方说，是从风、泉水、农舍等角度来具体描写变化的，这样对提高学生的写作水平是很有帮助的。】

师：书上有一段话，一起读。

生：他是一个极为认真的人，无论对劳作，还是对生活。从他挑选橡子的细节可以看出，他工作起来心无旁骛，认认真真；从"房间里收拾得很整齐，餐具洗得干干净净，地板上没有一点儿灰尘，猎枪也上过油。……他的衣服扣子缝得结结实实，补丁的针脚也很细，几乎看不出来"等细节，可以看出他在生活中也一丝不苟，不愿马马虎虎地过日子。

师：我们来看这一段话。先看第二句的标点符号，这是句号，这是分号，说明它们之间的关系是怎样的？第一句话跟第二句话又是什么关系？

生：第一句话写了他是一个极为认真的人，然后说他是怎样认真的，后文就是在文中找出句子，对他认真的细节进行描写。

师：请你再说一遍，大声说，流畅说。

生：第一句话是总起句，它引起了后文，也就是用文中的句子来体现他极为认真的性格。

师：说得简短一点就是第一句话是概括性的，第二句话是描述性的，从文中找细节去印证观点。他是个怎样的人？

生：极为认真的人。

师：老师也来读一读这一段。（范读）

师：老师读出两种精神。他是怎样的人？

生：命运坎坷的人，坚强的人。

师：他还是怎样的人？

生：创造生命的人。

【教学解读：从细节出发。多让学生思考，是"五多课堂"重要的内容。思考是抽象的概念，教学中要化抽象为具体。这个道理，几乎人人都知道，但鲜有人能做到。何也？因为技术操作不到位。教学是一门科学，也是一门艺术。语文教学的引导之功关键在于把语言文字呈现出来让学生感受到：读分号，让学生发现句群的关系；读概括性的句子，让学生发现描述的作用……总之，从语文的细节出发，让学生去发现，由此，学生的思考力、观察力会随之增强。这也是语文养成教育的意义。】

师：接下来你们再读文章，想想作者是怎样的人。仿照老师的两个例子，流利地、有感情地说，现在开始。

（生开始自读文章，师巡视观察，等待生安静地思考一段时间。）

师：谁来试试？

生：他是一个沉默寡言的人，在文中都是作者问，他才会回答。文中提到：他不太爱说话。独自生活的人往往会这样。他还是一个不图回报的人，文中的他并不在意土地是谁的。"我问他，这块地是你的吗？他摇摇头说，不是。那是谁的地？是公家的？还是私人的？他说不知道。看起来他并不在意。"

生：他是一个坚持不懈的人。"三年来，他一直这样，一个人种着树。他已经种下了十万颗橡子。"

生：他是一个令人敬佩的人。他靠一个人的体力与毅力，把这片荒漠变成了绿洲。他做到了只有上天才能做到的事。他还是一个创造别人幸福生活的人。"一直住在这里的老一辈人，已经被舒适的新生活改变了。加上新来的居民，一万多口人的幸福生活，都源于这位叫艾力泽·布菲的老人。"

生：他是热心的人，是一个乐于助人的人。"继续向前走了五个小时，我还是没有找到水，连一点儿希望都没有。到处是干旱的土地和杂草。……牧羊人让我喝了水壶里的水，又带我去了他山上的小屋。"

生：他是一个善于观察的人。"他还指着一片白桦林说，这是五年前种的。他认为谷底比较湿润，就把白桦树种在那里。他是对的。"

生：他是一个积极乐观的人。"他说这地方缺少树；没有树，就不会有生命。他决定，既然没有重要的事情做，就动手种树吧。"他是一个有信念，无私付出的人。"从1920年开始，我几乎每年都去看望这位植树的老人。我从没见过他有任何动摇或怀疑，只有天知道这有多难！"

生：他是一个具有奉献精神的人，不是为自己而种树，而是为别人而种树。"他说，羊吃树苗，就不养羊了，只留下了四只母羊。"从这里可以看出他坚持不懈，遇到困难就积极解决。环境特别恶劣，大家都走了，他没有走，他是一个有责任心的人。（教师板书学生的观点）

【教学解读：给学生提供范本。阅读教学重在引路，如何引路呢？老师要提供一个范本，指明一条方向。换言之，教学指令要明确。此环节，学生的精彩表现来自于老师提供的可操作性的范本。这样的学才是学生自己的学：学生去发现，学生去总结，学生去表达……不难发现，到此环节，学生的热情高涨、思维活跃，教学掀起高潮。这是老师适时点拨、学生敢于展示带来的效果。多让学生去展示吧，学生会带给你意想不到的惊喜。】

三、以诗卒章显志

◑ **教学意图**：师生共同完成阅读。以诗的方式育人，形成首尾圆合的教学结构。

◑ **教学导图：**

理论实践

利用课文生成资源

诗教育人

师：还有……我知道同学们还读出了许多，请大家一起读。

想真正了解一个人

要长期观察他所做的事

如果他慷慨无私，不图回报

还给这世界留下了许多

那就可以肯定地说

这是一个难得的好人

那是在 1913 年

我在游人稀少的阿尔卑斯山地

做了一次旅行

一眼望去

到处是荒地

光秃秃的山上

稀稀拉拉地长着一些野生的薰衣草

一战结束后我第二次见到他

路过山下村子的时候

我在这个曾经干旱无比的地方

看到了溪水

这是老人种树带来的连锁反应

是我见过的最了不起的奇迹

1945 年 6 月，我最后一次见到植树的老人

我再次踏上这条通往荒原的路

一切都变了

连空气也不一样了

他靠一个人的体力与毅力

把一片荒漠变成了绿洲

他创造了生命的奇迹

他的名字叫——

艾力泽·布菲

他的名字叫——

艾力泽·布菲

他是一个（命运坎坷的）人

他是一个（坚强的）人

他是一个（创造生命的）人

他是一个（不图回报的）人

他是一个（热心的）人

他是一个（令人敬佩的）人

他是一个创造生命奇迹的难得的好人

难得的好人

我想问

我们能创造奇迹吗

我想说

我们一定能

只要我们（有责任，善于观察）

只要我们（勇于奉献，有始有终）

只要我们（乐观，有信念，坚持不懈）

（说明：括号里皆为学生回答的内容，教师板书。）

【教学解读：利用课文生成资源。"教材无非是一个例子"，课堂要活用课文，将课文重新整合，生成新的教学资源。】

师：我们定能创造——

生：东雅（中学）的奇迹。

师：我们定能创造——

生：人生的奇迹。

师：虽然老人是一个命运坎坷的人，但是他在这里创造了奇迹，是一个创造奇迹的——

生：好人。

师：是一个创造生命的——

生：好人。

师：让我们一起去创造奇迹吧！下课。

（学生激情高涨，依依不舍。）

【教学解读：诗教育人。"五多课堂"强调育人。这便涉及课文的价值定位问题了。如何用好这篇课文呢？这篇课文的育人功能是不可忽略的，然而如何用它来育人呢？教育不是说教，好的教育通常是春风化雨、细雨润无声的。课堂结束前，以诗歌的形式串起学生的思考，让思考连缀成一首抒情诗，学生在诗歌诵读中得到感化。长沙市东雅中学是一所新学校，这样的学校更需要激情教育，结尾处的朗诵激发了学生的热情，他们的高涨情绪可以证明。】

学生进步看得见

——作文课《水滴旅行记》课例解读 ①

一、发挥联想，自由表达

◐ **教学意图**：根据学生联想情况，及时调整课堂内容，生成新的教学目标。

◐ **教学导图**：

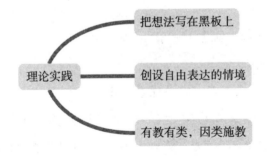

师：今天我们上什么课？

生：作文课。

师：你们喜不喜欢上作文课？

生：喜欢。

① 课堂实录由"春来咏语"教研团队蒋淑玲老师整理。

师：来说说为什么。

生：因为作文课老师上得很有趣，我就想写作文。

师：你是因为有写作的冲动。这位女生你来说。

生：可以随意发挥想象力。

师：好的，还有吗？

生：可以让我记起以前的东西。

师：可以让我记起以前的东西，回忆。还有没有想说的，想表达的？

生：可以让我感受到写作的乐趣。

师：可以让我感受到写作的乐趣。总之，上作文课是一件很有趣的事情。那么，今天我们来做一件有趣的事情好不好？

生：好。

师：（板书：水）这是什么字？

生：（大声地）水。

师：当你看到水的时候，你会想到什么？刚刚有同学说，我可以联想，可以想象。请把你想到的写在黑板上。愿意到黑板上来写的都上来，其他同学写在纸上。

（学生思考并开始写，师巡视并对台上八位同学所写内容进行标注：1. 生命的源泉；2. 我是一滴水；3. 飞流直下的瀑布；4. 大海；5. 生命的源泉；6. 鱼的家乡；7. 生活；8. 水滴旅行记。）

师：现在八位同学把他们的观点写在黑板上了，你最喜欢哪一个观点？

生：我最喜欢水滴旅行记。

【教学解读：把想法写在黑板上。在信息技术高度发达的今天，不少教师忽略了黑板的传统意义。让学生把想法写在黑板上，是发现学情的重要方法。本节课成功的关键就在于把学生的想法展示在黑板上，因为他们的想法开启了课堂。】

师：请说说理由。

生：因为我看到了水滴旅行记中的"旅行"，它肯定会去很多有趣的地方，我就会有灵感去写它。

师：你打算写什么？

生：我打算写一滴水从小河里流到水池里，又从水池里游到瀑布下，从瀑布下被水流冲到大海，描述它去到每个地方都看到了什么东西。

师：你能不能把你刚才所说的完整地、流利地说一遍？或者谁想替他把他的意思完整地、流利地复述一遍？你希望你自己来还是别人来？

生：别人来。

生：（举手）我表达的观点是不同的。

师：（和蔼地再次询问）你是自己表达还是想听他表达不同的观点？

生：想听他表达不同的观点。（众生笑）

师：好，请你来。

生：我最喜欢的是生命的源泉。

师：理由是什么？

生：因为水是我们生活中不可缺少的资源，如果地球上没有水也就代表没有了生命。

师：刚才两位同学，这位同学讲的是水，他讲的不是水而是生活。他为什么喜欢生命的源泉？因为他喜欢生活。他联想的是生活，喜欢的是生命的源泉。同学们，为什么由水会想到生命的源泉？我们一定要会思考。生命的源泉，是谁写的？（其中一位写作者举手）你能不能跟大家讲讲？

生：因为人类的生活中不能缺少水。

师：也就是说，由水联想到——（板书：联想）

生：生命。

师：刚才两位同学的观点告诉我们，写作文写作文，需要什么？

生：联想。

师：从一个事物联想到？

生：很多的事物。

师：应该说，相关的事物。由一个事物到另一个事物是一个层次，他的层次更高，他联想到了水跟什么有关？

生：人类。

师：跟人有关。写作文有一个非常好的方法，由某个物联想到人，阐明人类该怎样去做。比方说，我们学过的咏物诗。你们学过哪些咏物的诗？

生：《咏鹅》《咏柳》……

师：通过物来写什么？

生：写人。

【教学解读：创设自由表达的情境。把说话的权利还给学生，为学生创设自由表达的情境，多让学生表达。"五多课堂"的教学气质就是一种俯身倾听的姿态，课堂开启简约而不简单，平易而不艰涩，亲切而又自然，用贴近学生内心的语言来开启一场心灵的交流，用尊重而欣赏的态度来倾听孩子说话。用嘴说话，用笔写文章，两者本质一样，关键是说什么，如何说。（1）说大家够得着的话题，让大家有话可说。课堂上，让学生"够得着"是一种教学智慧。太过陌生而玄妙的话题，会让学生茫然失措而闭口不语，没有根据地说话无异于暴虎冯河，那是莽撞的表现。"够得着"，就是让学生能触碰，能想象，能理解，能描绘，能启智。"水"的话题，正体现了让学生"够得着"这个条件。水的颜色、形状、情态、质地是大家都知晓的，水的作用及水与人类的关系是大家都熟稔的，而水的哲学是人们穷尽一生也探究无尽的。这样一个开放而极具张力的话题，贴近学生又引领学生踮起脚尖，激起学生畅所欲言的欲望，又兼具引人深思玩味的魅力，正体现了"写作是极平常的事"的特点。（2）说真实的话。"文学即人学。"课堂上，说话，写作，都是一场引向真善美的生命体验。让学生自然地说心里话，正如课堂上有聚焦水滴旅行记中的"旅行"奇遇的学生，也有由水而想到生命的源泉的学生，他们和而不同，美美与共。（3）促进分层说话。说话，写作，都有一个思维纵深推进的过程。在鼓励学生说话的同时，老师还要善于倾听，及时敏锐地披沙拣金，把学生自然流露出来的只可意会而不可言传的模糊体验清晰化，形成技巧和经验，从而实现由现象到本质的提升。比如由学生具体的探讨提炼出写作方法："写作文有一个非常好的方法，由某个物联想到人，阐明人类该怎样去做。"再借助已学的咏物诗去演绎强化，便是一个由现象到本质、由概括到演绎的分层思维训练过程。而学生们的即兴表达，恰恰是现场生成的重要依据，学决定教，正是这个道理。】

师：来看水滴旅行记，如果写它的话，我们该怎么写？仅仅是水从这里游到那里？还可以表达怎样的一种观点和思想？

生：不要浪费水。

师：这是一个观点。第一个喜欢水滴旅行记的同学，如果要你写，你最想表达怎样的一种观点？

生：表达一种自由。

师：第一，自由。

生：惬意的心情。

师：我们可以继续想。你看啊，我是一滴水，我要去旅行，要你写文章，怎么去写？

生：我觉得先写自己的由来，然后再写旅行的过程，有什么感想，最后又到了哪里。

师：好的，同学们，根据你们的素材，我们就开始写文章了。我是谁？

生：一滴水。

师：（指着板书）这里有什么？

生：瀑布、大海、鱼的家乡。

师：我们怎么把它们串起来写？现在静静地写作，等会儿来展示你们的作文，可不可以？

生：可以。

师：水滴要旅行了，怎么把这些词语串起来写？

（学生开始写作，师巡视指导。）

【教学解读：有教有类，因类施教。因为是借班上课，对学情压根不熟悉，而唯一了解的方式是刚才同学们的展示。好的习作教学，一定不是用教师预设的内容让学生们被动接受，而是要根据实际情况灵活处理。同学们的联想，八个人七个样，如何把他们的联想转化为教学资源呢？——围绕"水滴旅行"把他们的联想内容联系起来。他们所写的正是他们所想的，学生的展示与学生的学巧妙地结合起来了。这正是"有教有类，因类施教"的具体体现。】

二、写作展示，互帮互学

◑ **教学意图**：通过展示学生的写作，达到互帮互学的目的。

◑ **教学导图**：

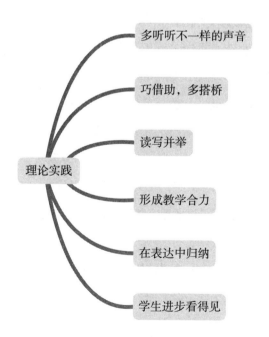

理论实践
- 多听听不一样的声音
- 巧借助，多搭桥
- 读写并举
- 形成教学合力
- 在表达中归纳
- 学生进步看得见

师：好了，请同学们停下来，没有写完也没有关系。请一位同学念一念刚刚写的作文，哪位同学愿意站起来念自己的作文？（见学生有些拘谨）念作文对于你们来说是容易的事情还是困难的事情？

生：（羞涩、小声地）困难的事情。

师：有点难，为什么有点难呢？你来说。

生：不敢。

师：为什么不敢？

生：怕出丑。（听课老师大笑）

师：如果今天谁第一个站起来念自己写的作文……（话音未落，马上有学生举手）哇，一、二、三、四、五、六、七、八，这么多。那我们给他什么样的奖励呢？好像也没有什么可奖励的（众生笑），那就用掌声奖励吧！我看这位女生举手特别快，就她先来吧！

生：我是一滴水，我将要去旅行。我从鱼的家乡出发，经过了飞流直下的瀑布，见到了许多新奇的事物，见到了许多我的同胞。我跟同胞们一路上有说有笑，快快乐乐地经过瀑布。不一会儿，我们就到达了终点站——浩瀚的大海。那里充满了自由，充满了快乐，我可以自由自在地在大海里穿梭。在大海里，我又交了不少朋友，如海星、小丑鱼、水母……它们都离不开我，我也不会离开它们。这就是我的一场快乐、美好的旅行，我永远都不会忘记这场旅行，这些让我快乐的朋友们。

师：如何？（热烈的掌声）其他同学也要学会欣赏，哪位同学点评点评她的作文？（女生同桌举手）好，同桌点评那是最好的。

生：她这篇作文运用了很多拟人的手法，让文章更生动、具体。

师：听，运用了一些拟人的手法，比如说——

生：它和它的同胞们在大海里穿梭，一起玩耍。

师：拟人的手法让文章显得更加——

生：生动、具体、形象，让文章更加有趣。

师：还有没有同学愿意点评的？

生：我觉得她应该详细描写一个东西，不应该这里描写一下，那里描写一下。

师：你的意思是说这篇文章还可以写得更好一些？

生：我觉得她可以运用点面结合的方法。

师：怎么在她的基础上进行点面结合呢？刚刚那位同学说，可以写得更加详细一点，不能这里写一下，那里写一下，比如我是一滴水，看到瀑布，到了大海，我很开心，讲清楚了，但是感觉没有那么细致。好，那怎么改比较好？

生：可以增加一些动作、心理、对话描写。

师：在什么地方增加动作、心理、对话？

生：在旅行中看到不同的事物的时候。

【教学解读：多听听不一样的声音。多让学生展示，不仅让学生展示学习结果，还要让学生来当老师，在思维的碰撞和交流中实现互帮互学的教学目的。不吝啬对同学的赞扬，也不惧怕对同学的质疑，这是治学严谨的态度体现，也是见贤思齐、闻过则喜的人格锤炼。课堂上，多听听不一样的声音，常常会有"藕花深处"的惊喜，当那位学生提出不仅要点面结合，还要细致描写的建议时，已经推动着课堂向写作的艺术技巧探索。】

师：其他同学在写的过程中有没有加入动作、心理、对话描写的？（一位男生举手）请你来念一念你的文章，跟这位同学探讨一下。

生：当我醒来的时候，我不再是一个普普通通的小孩了，我全身透明，身体圆润，就像一颗珍珠，不错，我变成了一滴水。

师：停一下，这滴水是什么样的？

生：透明的，圆润的，像一颗珍珠。

师：同学们，刚刚那位女生只写了它是一滴水，没有进行具体的描写，我们来分析下这句话，水有什么特征？颜色是什么样的？

生：透明的。

师：圆润的，这是从什么角度来写？

生：形状。

师：你怎么知道它是圆润的？

生：像珍珠一样。

师：像珍珠一样运用了什么修辞？

生：比喻。

师：当我们写一个事物的时候，不能笼统地写，要具体地写，具体体现在什么地方？可以写它的——

生：外表。

师：直接写外表，不够，还可以用什么？

生：比喻。

师：你再读一遍。

生：当我醒来的时候，我不再是一个普普通通的小孩了，我全身透明，身体圆润，就像一颗珍珠，不错，我变成了一滴水。

师：学到没有？当我们写一个事物的时候，可以从颜色、形态的角度来写，甚至可以用比喻的形式来写。刚刚说的是如何写具体，还可以从动作、心理来写。你这里有动作和心理描写吗？

生：有。

师：请你继续念。

生：我躺在水龙头里，这里有和我一样的千千万万的"同胞们"，等待"大门"打开。

师：我还要打断一下你，它在哪里？

生：水龙头里。

师：同学们，写一个事物还要写这个地方的环境，这不就更具体了吗？我们讨论一下，什么是具体？讲清楚它生活的环境，它自身的样子。请继续。

生：突然，水龙头开了，我随着千千万万的"同胞们"一起落了下去。我们身处在黑暗的水管之中，大家一起聊天，说悄悄话。我问："嗨，大伙，我们还要游多久？"

师：刚刚这位同学写的跟前面那位女同学写的有区别，有什么区别？

生：他运用了语言描写。

师：为什么要运用语言描写？

生：这样可以写得更细致一些。

师：你是把事情讲述了一遍，而没有进行细致的描写——我跟谁在交流。因为我们已经把水滴当作人来写了，人在环境当中肯定要有一种交流，所以要有对话。

生：它们听见了我的疑问，大声地回答："一会儿，没有多久了。"我此时心想：这是哪里？隧道？不像，这应该是下水道管吧。

师：这是什么描写？

生：心理描写。

师：心理描写有什么作用？

生：更加形象具体。

师：我们不能总是用这么笼统的话来回答，让自己变得更聪明一点，就不会老是说套话。在这里，心理描写有什么作用？大家来想。

生：我觉得可以体现出这滴水的性格。

师：很好，不同的心理体现了不同的性格，这就叫具体生动。

生：这样写的话更能引起读者的兴趣。

师：第二，可以引起读者的兴趣。这位同学有读者意识，作家就是这样的，你是一位小作家。（微笑着）同学们，写作文要有什么意识？

生：读者意识。

师：我是写给读者看的，不是写给自己看的，这就是读者意识，这点很重要，大家做好笔记。我们通过别人的写作可以学到很多写作方法和技巧，请你继续。

生：我们都像乘着地铁一样，高速地游动着。

师：暂停一下。这位女生，他写的跟你写的还有什么不一样？

生：他运用了环境描写。

师：我想问，用了环境描写，一定就很好吗？

生（女生的同桌）：在不同的地方运用环境描写可以烘托氛围。

师：她是不是你最好的朋友？（众生笑）什么样的朋友才是最好的朋友？

生：在你有困难的时候愿意帮助你的。

师：所以，我们为这一对好朋友鼓掌好不好？（掌声热烈）运用环境描写可以烘托氛围，这是怎样的一种氛围？

生：没有听清楚。

师：你再念一遍。

生：我们都像乘着地铁一样，高速地游动着。渐渐地，光线越来越亮，阳光洒在大家的身上，我们就像被阳光披上了一件大衣。我们游啊游，终于游到出口了。

【教学解读：巧借助，多搭桥。当一位学生的展示不能达到学的最佳效果时，要借助其他同学的展示来帮着实现学生的学，借助学生搭好学习的桥梁。这个过程便是学生帮学生，学生之间相互学习的过程。老师呢？应该多到学生中去，对学生的讨论及时予以评价、提炼、总结、升华。"当我们写一个事物的时候，可以从颜色、形态的角度来写，甚至可以用比喻的形式来写。刚刚说的是如何写具体，还可以从动作、心理来写。""我们不能总是用这么笼统的话来回答，让自己变得更聪明一点，就不会老是说套话。在这里，心理描写有什么作用？大家来想。""我是写给读者看的，不是写给自己看的，这就是读者意识，这点很重要，大家做好笔记。我们通过别人的写作可以学到很多写作方法和技巧，请你继续。"……一篇具体的写作，就是一次写作理论的践行。"此中有真意，欲辨已忘言。"将学生无法辨明的"真意"及时沉淀萃取，才能更好地实现帮学。】

师：刚刚那位同学没有听清楚，跟朗读有关系，哪位同学愿意把这一段再朗读一遍？

生：（声情并茂地）渐渐地，光线越来越亮，阳光洒在大家的身上，我们就像被阳光披上了一件大衣。我们游啊游，终于游到出口了。（后排听课教师响起掌声）

师：读得怎么样？老师们都有感觉了，你们的感觉呢？你（写作的男生）觉得她读得怎么样？

生：读得还行。

师：为什么用还行呢？我百思不得其解。

生：因为读得比我好。

师：你们觉得是还行还是真行？

生：真行。

师：这位男生你再读一遍。

生：（认真地）渐渐地，光线越来越亮，阳光洒在大家的身上，我们就像被阳光披上了一件大衣。我们游啊游，终于游到出口了。

师：感觉比第一次怎么样？

生：好一些了。

师：超过刚才那位女生的水平没有？

生：（笑）没有。

师：（和蔼地）你们终于说了一句真话了。男生还有来 PK 一下的吗？好，你来。

生：（声情并茂地）渐渐地，光线越来越亮，阳光洒在大家的身上，我们就像被阳光披上了一件大衣。我们游啊游，终于游到出口了。（读完后一阵掌声）

师：你说她还行，是因为他（刚刚读的男生）还没读是吧？（一片轻松的笑声）

生：是的，强中自有强中手。

师：你讲的这句话我特别赞同，山外有山，天外有天，人外有人。但是我觉得你们各有千秋，各有各的味道。你的文字很美，为什么你读出来的感觉不美呢？（众生笑）你思考过这个问题没有？谁来说说他的朗读？

生：读得没有感情，还有点拖音。

师：所以写出来的文章还需要怎样去表达？

生：有感情地表达。

师：所以练自己的什么功夫很重要？

生：口才。

【教学解读：读写并举。古人写文章特别注重诵读，正如姚鼐所说："文章之精妙，不出声色字词之间。"好文章一定是既"上口"又"入耳"的。指导学生朗读的同时，也在斟酌字词、品评情韵。作文课，让学生多读读，对于文章修改是大有好处的。】

师：我再给你一次机会，再读一次。

生：（更认真地）我们都像乘着地铁一样，高速地游动着。渐渐地，光线越来越亮，阳光洒在大家的身上，我们就像被阳光披上了一件大衣。我们游啊游，终于游到出口了。

师：这一次比上一次？

生：好一点了。

师：你还想不想再好一点？

生：想。

师：（指着两位朗读得好的学生）你们可不可以告诉他，哪里还可以再好一点？每个人提出一条建议。（男生要女生先来）女生优先，这个小男生有绅士风度。

生：我觉得可以在"我们都像乘着地铁一样，高速地游动着"这句话中再加入一点感情。

师：在哪里加感情？怎么加感情？

生："高速"那。

师：它不是低速，而是——

生：高速。

师：所以"高速"要读得怎么样？

生：重一点、快一点。

师：那你的意见呢？

生：我觉得他在读的时候还要更有感情一点，不要唱读。

师：他有点唱读，就像说话一样。这两位都是你的好朋友，你接受他们的意见吗？

生：接受。（认真地点头）

师：那再来一遍，最后一遍了，大家掌声鼓励他吧。

生：我们都像乘着地铁一样，高速地游动着。渐渐地，光线越来越亮，阳光洒在大家的身上，我们就像被阳光披上了一件大衣。我们游啊游，终于游到出口了。（极其认真地）

师：这一次怎么样？

生：还可以。

师：同学们，朗读不是一下子能够提高的，有这样的意识，慢慢地学就可以了。以后你们多帮他一下，好不好？

生：（微笑点头）好的。

【教学解读：形成教学合力。学习是一把火，需要众人共燃。教学的意义在于全体学生的参与，只有全体学生参与，才能实现教学满足每位孩子学习权利的目的。参与中，互学帮学汇成一股合力，促进学生的发展。】

师：刚才我们讲到要有感情地读，环境描写可以烘托氛围，什么样的氛围？

生：高速地流动。

师：氛围往往与情感有关系，高速地流动不是情感。

生：他说像乘着地铁高速地游动的时候，我感觉有一种神秘感，然后就会引发读者的联想。

师：除了神秘之外，还有什么样的氛围？

生（第一个念自己习作的女生）：他说阳光洒到身上的时候，我感觉到温暖。

师：你表达温暖的时候很简单，直接说充满了自由、充满了快乐，这不是文学，文学是什么？像坐在地铁上高速地游动着，阳光洒在身上。这里他用了一个字"洒"而不是"照"，又神秘又温暖又自由又快乐。同学们，我们写文章不能直接说——我好自由，我好快乐，我好神秘，那不行。应该怎么写？用环境烘托是比较好的办法，不要直接表达，要间接表达，要用环境来表达你的心情，学会了吗？

生：（若有所思地）学会了。

师：来，总结一下，要想写得具体、生动、形象，需要怎样的方法？请你来总结，到讲台上来，像一个主持人一样总结。来，有请舜德电视台的主持人。（众生轻松地笑）

生：总结的话，他写的比那个女生写的更具体一点，运用了很多形象的描写，拟人和比喻用了很多，激发了读者的兴趣。看到这里，我们就想继续读他的文章。

师：这是你的总结，我们来请那位点评得很好的女生对这节课作一个总结。你从他们身上学到什么？说说你的收获。

生：今天我在这堂作文课里面学到了很多知识，比如说写一篇叙事文，可以运用环境和细节描写让文章更生动地表达情感和内容，在写作的过程中要以读者的身份去看自己的文章。（响起掌声）

师：那位女生是第一个展示自己作文的小朋友，所以最后我想请她来说说她的感受。

生：学习了唐子杰的作文，我学会了运用细节描写和环境描写烘托氛围。然后……（非常紧张）

师：同学们，到台上来说话不容易的，也许在座位上想清楚了，但是在台上不一定说得清楚，我们要对她多鼓励。（学生鼓掌）我们在说话的时候，可以用一、二、三来说话，感觉就不一样了。第一，我学到什么；第二，我学到什么；第三，我学到什么。你来试试。

【教学解读：在表达中归纳。说话，写作，都要思维清晰，讲究逻辑。训练学生的归纳能力，让学生学会条分缕析地表达，非一日之功，需长期渗透。】

生：第一，我学到运用细节描写把文章写得具体。第二，我学到用环境描写烘托氛围。

师：第三呢？

生：我想请我朋友来。（全场大笑）

师：要自力更生，总是依赖别人也不行，最后帮你一次。（众生笑）

生：通过学习唐子杰同学的作文，我们知道了在写作文的时候可以用修辞手法让作文更细致。

师：看，要举个例子——修辞手法。

生：第二，可以用适当的环境描写。

师：适当的环境描写，说得很准确。还有吗？

生：还可以用心理描写、语言描写，把读者代入其中。

师：同学们，看，这就是概括能力。

生：还可以从读者的视角表达一些事物。

师：从读者的视角去表达。还有吗？

生（第一个念自己作文的女生）：还可以在写作时带有感情。

师：你当时写的时候没有带感情吗？（众生笑）

生：就像"高速地游动……阳光洒在大家的身上"那样。

师：那就是运用修辞。还有没有需要补充的？

生（第二个念自己文章的男生）：好的文章还需要好的表达。

师：你今天收获大不大？

生：很大。

师：需要感谢谁？

生：老师。（众生笑）

师：（亦笑）不是感谢我，而是感谢他们——教你朗读。

生：（腼腆地笑）感谢他们两个。

师：同学们，写文章要有方法，方法就在身边。首先，我们可以由物想到人。其次，表达要具体生动。要想具体生动的话，第一，要分层次去写，如颜色、形状；第二，要用修辞的手法，适当运用环境描写、动作描写、语言描写、心理描写等细节描写；第三，最重要的是要有读者意识。最后，我们要用我们的语言优美地、有感情地把自己的文章表达出来。快下课了，有个小作业：课后你们按照今天学到的方法把文章修改一下，然后发给老师看，好不好？下课。

【教学解读：学生进步看得见。"五多课堂"追求学生学习的高质量进步，这种进步是看得见的。看得见的进步，一种在课堂见效，一种在课外体现。课堂上，我们确实看到学生在进步，这种进步让我们明白，课堂教学不仅是下坂走丸、点拨得当的"知"的过程，更是骏马健飞、行稳致远的"行"的过程。"知行合一"的力量，让学生的进步清晰明朗。学生修改后的文章，让人不由得惊喜，这种惊喜，是难以用言语形容的。我们不妨看看课堂上那两位同学习作的变化吧。】

水滴旅行记（原稿）

六（1）班　秦玺

我是一滴水，我将要去旅行。我从鱼的家乡出发，经过了飞流直下的瀑布，见到了许多新奇的事物，见到了许多我的同胞。我跟同胞们一路上有说有笑，快快乐乐地经过瀑布。不一会儿，我们就到达了终点站——浩瀚的大海。那里充满了自由，充满了快乐，我可以自由自在地在大海里穿梭。在大海里，我又交了不少朋友，如海星，小丑鱼，水母……它们都离不开我，我也不会离开它们。这就是我的一场快乐、美好的旅行，我永远都不会忘记这场旅行，这些让我快乐的朋友们。

水滴旅行记（修改稿）

六（1）班　秦玺

　　我，是一滴晶莹剔透、明如镜子的小水滴。我生活在一个小池塘里，我想去看看外面的世界。

　　我生活的池塘不大也不小，周围有郁郁葱葱的小草遮掩着。我并不满足，我想去外面的世界看看。我顺着一条小河流跑呀跑。"嘿，你去哪？"另一个小水滴问我。我也不怕生，回答道："我去大海呀！我的家乡有点小！""你也去大海啊！我也去唉！"小水滴惊喜地叫道："我们两个做朋友吧！"我点了点头，算是答应了。心里乐呵呵的：没想到啊！路上有个同胞陪着，我就不会无聊了。我拿出地图，摊开了放在河底。终点是大海，路途中要经过一条瀑布和一条小溪，直接从瀑布走就不用拐弯了，可以快速地到达大海。我计划着。

　　不一会儿，我们到达了瀑布。"飞流直下三千尺，疑是银河落九天。"朋友一边学着诗人一样摇头晃脑，一边对我说："瀑布是最难走的，不少同胞都被吓跑了！"我心里退缩了：是啊！这瀑布离地面可是九十度垂直啊！还是算了吧！朋友却好像看穿了我的心思："想要去大海，就必须经历困苦。"说完向瀑布冲去。我心一横，牙一咬，也跟着冲了过去。我闭上眼睛，时不时撞上大石头。到达小溪时，我已经晕头转向了。"你没事吧？想要成功就必须面对困难，习惯了就会体会到其中的快乐！"朋友开导我。我也想明白了：是啊！想要成功怎么会那么容易呢？我跟着好朋友一起向大海奔去。忽然，天阴沉沉的，乌云霸占了整个天空。好朋友连忙把我拉到一个小洞里。外面雷电交加，大风呼呼地刮着，我感觉有一股强大的气流把我向后面吹去，幸亏好朋友把我拉进了小洞里。不一会儿，有不少雨滴像冰雹一样凶狠地向溪面砸来。好一会儿之后，大雨才停了下来，太阳扒开乌云，唤醒了蓝天，叫来了彩虹姑娘。阳光洒在了溪面上。此时，我和好朋友已经出来了，我们都感觉自己的身体暖洋洋的，没有那般寒冷了。我们借着好天气蹦蹦跳跳地向不远处的大海跑去。

到达大海，我的心里像灌了蜜一样甜。这场旅行让我能勇敢地面对困难，不怕挫折。

水滴旅行记（原稿）
六（1）班　唐子杰

当我醒来的时候，我不再是一个普普通通的小孩了，我全身透明，身体圆润，就像一颗珍珠，不错，我变成了一滴水。

我躺在水龙头里，这里有和我一样的千千万万的"同胞们"，等待"大门"打开。突然，水龙头开了，我随着千千万万的"同胞们"一起落了下去。我们身处在黑暗的水管之中，大家一起聊天，说悄悄话。我问："嗨，大伙，我们还要游多久？"它们听见了我的疑问，大声地回答："一会儿，没有多久了。"我此时心想：这是哪里？隧道？不像，这应该是下水道管吧。我们都像乘着地铁一样，高速地游动着。渐渐地，光线越来越亮，阳光洒在大家的身上，我们就像被阳光披上了一件大衣。我们游啊游，终于游到出口了。

水滴旅行记（修改稿）
六（1）班　唐子杰

当我醒来之初，我环顾周围，这是哪儿？怎么旁边都是水？我再低头看看自己，我不再是一个普普通通的小孩了，我全身晶莹剔透，就像一颗珍珠。不错，我变成了一滴水。

我躺在水龙头里，这里有和我一样的千千万万的"兄弟们"，等待"大门"——水龙头打开。过了一会儿，不知道是谁将水龙头打开了。我们都纷纷跳进下水道。我们身处在没有阳光的水管之中，大家一起聊天，说悄悄话，不亦乐乎。大概过了十几分钟，我问："嗨，伙计们，我们还要游多久？"它们听见了我的疑问，大声回答："一会儿，没多久了。"我此时想：这条下水道可真长，外面是不是世外桃源呢？我们都像上了地铁一样，高速流动着。

　　渐渐地，我在没有光线的管道中看到了一缕阳光，洒在大家身上，我们就像被阳光披上了一件大衣。我们游啊游，看见了一个圆形的洞孔，我兴奋极了，迫不及待地想看看外面的世界。

　　唉？我的"兄弟们"呢？怎么都掉下去了？想着自己快要掉下去了，就想要往回跑，可是，我仍然随着众多"兄弟们"掉下去了。"哎呀，我可能不能再目睹这个可爱的世界了！"我此时伤心极了。我想：这样的话，我一定会粉身碎骨的。我慌得闭上了眼睛。突然，我感觉我的背格外清凉，我睁眼一看，我正躺在小河里，我也乘坐着这艘"小船"。在"船上"我又交了许多朋友。我原来的朋友呢？不见了。

　　我就像坐着缆车一样，观赏着周边的景致，森林郁郁葱葱，就像一座绿色的宫殿。小鸟乐队正在唱着一首首动听的歌。我静静地听着：我仿佛看到了一片碧绿色的平原，一条河流就像一条银带，向远方伸长。我又看见了几只猴子，正在树上玩耍，大树成了它们的游乐场。

　　我们乘着"小船"穿梭前行，终于来到了大海。我发现我正在升高，我变得越来越小，快要躲到云层之中时，我终于目睹了一眼地球。我的身体逐渐分解，都钻入云层中了。

　　我掀开被子，看了看四周，书桌、书柜整整齐齐地摆放着，我真的忘不了这梦中经历，多有趣啊！

【教学解读：课堂很神圣，因为是师生的生命场，但不神奇，因为就是一种生活。当看到学生们的进步，我的内心不禁波澜起伏：课堂是可以改变学生的，居然可以如此神奇！"双减"政策之下，我们呼唤的不就是这样的课堂吗？我想这正是一位听课老师在课后写下以下文字的主要原因："你见过上完课被学生围着签名、拍照的老师吗？你见过上课只用一支粉笔、一块黑板就让孩子们眉飞色舞、老师们目不转睛的老师吗？如此充满智慧、处处育人的课堂给了我们太多太多的启发：发现、尊重、机智、真实、点燃——多到学生中去、多让学生提问、多让学生展示、多让学生思考、多让学生讨论。""众里寻他千百度，蓦然回首，那人却在灯火阑珊处"，学生进步了，其实，我也在进步。好的课堂需要解放与超越，教师得以解放与超越，学生亦得以解放与超越，也许这就是"五多课堂"最宝贵的地方——也是课堂最该追求的境界。】

1. 马克斯·范梅南.教学机智：教育智慧的底蕴［M］.李树英，译.北京：教育科学出版社，2001.

2. 杰克·斯诺曼，里克·麦考恩.教学中的心理学［M］.庞维国，等译.上海：华东师范大学出版社，2019.

3. 吴春来.发现语文［M］.北京：语文出版社，2018.

4. 吴春来.语文教学技能九讲［M］.上海：华东师范大学出版社，2020.

5. 丹纳.艺术哲学［M］.傅雷，译.南京：江苏凤凰文艺出版社，2018.

6. 帕克·帕尔默.教学勇气：漫步教师心灵（20周年纪念版）［M］.方彤，译.上海：华东师范大学出版社，2020.

7. 怀特海.教育的目的［M］.庄莲平，王立中，译注.上海：文汇出版社，2012.

8. 潘新和.语文：表现与存在［M］.福州：福建人民出版社，2004.

9. 叶圣陶.叶圣陶语文教育论集［M］.北京：教育科学出版社，2015.

10. 王尚文.走进语文教学之门［M］.上海：上海教育出版社，2007.

11. 王尚文.语文品质谈［M］.上海：华东师范大学出版社，2018.

12. 吕叔湘.吕叔湘全集［M］.沈阳：辽宁教育出版社，2002.

13. 黑格尔.精神现象学［M］.贺麟，王玖兴，译.上海：上海人民出版社，2013.

14. 布鲁纳.布鲁纳教育论著选［M］.邵瑞珍，张渭城，等译.北京：人民教育出版社，2018.

15. 蒙台梭利.蒙台梭利文集［M］.田时纲，译.北京：人民出版社，2014.

16. 佐藤学.教师的挑战：宁静的课堂革命［M］.钟启泉，陈静静，译.上海：华东师范大学出版社，2012.

17. 佐藤学. 学校的挑战：创建学习共同体 [M]. 钟启泉，译. 上海：华东师范大学出版社，2010.

18. 佐藤学. 学习的快乐：走向对话 [M]. 钟启泉，译. 北京：教育科学出版社，2005.

19. 李德顺. 走近哲学：练就发现的眼睛 [M]. 北京：中国政法大学出版社，2013.

20. 王尚文. "语文品质"笔记 [J]. 中学语文教学，2017（1）.

21. 叶澜. 让课堂焕发出生命活力 [J]. 教育研究，1997（9）.

22. 郑桂华. 语文有效教学：观念·策略·设计 [M]. 上海：华东师范大学出版社，2009.

23. 契尔那葛卓娃，契尔那葛卓夫. 教师道德 [M]. 严缘华，等译. 上海：华东师范大学出版社，1982.

24. 何齐宗. 教育美学新论 [M]. 北京：人民教育出版社，2017.

25. 卜玉华. "新基础教育"课堂教学改革的深化研究 [M]. 福州：福建教育出版社，2014.

26. 方明. 陶行知教育名篇 [M]. 北京：教育科学出版社，2005.

27. 林崇德. 发展心理学 [M]. 北京：人民教育出版社，2018.

28. 周彬. 课堂密码：对课堂教学的深度思考 [M]. 上海：华东师范大学出版社，2009.

29. 李其龙. 克拉夫基的教学论思想（下）[J]. 外国教育资料，1982（6）.

30. 杜威. 民主主义与教育 [M]. 王承绪，译. 北京：人民教育出版社，2001.

31. 科林·马什. 初任教师手册 [M]. 吴刚平，何立群，译. 北京：教育科学出版社，2005.

32. 朱光潜. 读写指要 [M]. 上海：上海文艺出版社，2019.

33. 朱自清. 朱自清语文教学经验 [M]. 北京：教育科学出版社，2007.

34. 陈丽君. 问题发现思维研究 [M]. 广州：暨南大学出版社，2012.

后记

"人生到处知何似，应似飞鸿踏雪泥。"细数过往，不禁感慨万千。

记得王鹏伟先生在书序《追问语文教育的真谛》中说："有这样的青年做语文教师，是语文教育事业的一种'偏得'。"时光如水，一转眼，人已中年。

我喜欢课堂，是真真切切、实实在在地喜欢。

有老师这样评价我：课堂上的吴老师比在生活中有趣得多。也有朋友说我是属于课堂的。教育部前新闻发言人王旭明先生曾给我留言道：坚持范读、板书和上课，做被历史铭记的真正的语文老师！春来有这样的底子，只要坚持。

我暗暗告诉自己：一定要坚守课堂，唯有如此，人生才有价值，才不辜负一切美好的相遇。

"往日崎岖还记否，路长人困蹇驴嘶。"课堂，教师的生命场。每每看见学生的进步，喜悦之情常溢于言表，自己俨然一天真无邪的孩子。那时，我是一个幸福的人，早已忘记了往日崎岖。

《理想新课堂："五多课堂"的构建与实践》这本书，应是我生命中最为珍贵的礼物，亦是一份教育的美好见证，它承载着岁月无声无息的歌咏与悲悯，流淌着人生永不停歇的冥思与苦想。教育是圣洁灵魂的行走，课堂是积极思考的王国。那些听课、评课、上课的日子，斑斓着一路的风景。谁都无法料想未来会是什么样子，谁也无法阻挡历史滚滚向前的潮流。我们都是红尘的过客，恰似飞鸿踏雪，但为人师表，我们在课堂上会留给学生什么样的印象，带给他们什么样的影响？我们不得不为之心生敬畏，知行而合一。我们需要敬畏教育，敬畏课堂，敬畏学生。因为懂得敬畏，所以懂得课堂。因为懂得课堂，所以懂得课堂的无穷美好。

没有最好的课堂，只有更好的课堂。我们都是探索者，永远在路上，永远在追寻理想的境界。课堂需要解放与超越，当然，我更希望此书能超越生命，超越时空，超越世俗的种种功利，犹如这阳春三月，莺歌燕舞，芳草萋萋，美得自然，美得清新脱俗。

感恩岁月的馈赠，感恩能读到此书的每一位朋友。

吴春来

2023 年 3 月 15 日

图书在版编目（CIP）数据

理想新课堂："五多课堂"的构建与实践 / 吴春来著 .
— 上海：华东师范大学出版社，2023
ISBN 978-7-5760-3727-2

I.①理 … II.①吴 … III.①课堂教学—教学研究
IV.① G424.21

中国国家版本馆 CIP 数据核字（2023）第 042984 号

大夏书系 ┃ 教师专业发展

理想新课堂："五多课堂"的构建与实践

著　　者　　吴春来
责任编辑　　卢风保
责任校对　　杨　坤
装帧设计　　奇文云海 · 设计顾问

出版发行　　**华东师范大学出版社**
社　　址　　上海市中山北路 3663 号　邮编 200062
网　　址　　www.ecnupress.com.cn
电　　话　　021-60821666　行政传真 021-62572105
客服电话　　021-62865537
邮购电话　　021-62869887
地　　址　　上海市中山北路 3663 号华东师范大学校内先锋路口
网　　店　　http://hdsdcbs.tmall.com/

印　刷　者　　北京季蜂印刷有限公司
开　　本　　700×1000　16 开
印　　张　　15
字　　数　　206 千字
版　　次　　2023 年 4 月第一版
印　　次　　2024 年 1 月第二次
印　　数　　6 101 - 9 100
书　　号　　ISBN 978-7-5760-3727-2
定　　价　　58.00 元

出　版　人　　王　焰
（如发现本版图书有印订质量问题，请寄回本社市场部调换或电话 021-62865537 联系）